요한계시록
40일
묵상여행

요한계시록 40일 묵상 여행
이필찬 지음

초판 1쇄 발행　2014. 12. 8
초판 4쇄 발행　2018. 2. 19

　　발행처　도서출판 이레서원
　　발행인　문영이
　　출판신고　2005년 9월 13일 제2015-000099호
　　기획　이혜성
　　편집　송혜숙, 오수현
　　영업　박생화
　　총무　곽현자

　　　경기도 고양시 일산동구 중앙로 1160 오원플라자 801호
　　　전화 02)402-3238, 406-3273 / 팩스 02)401-3387
　　　E-mail: jireh@changjisa.com
　　　Website: jireh.kr　　facebook.com/jirehpub

　　　값은 표지에 있습니다.

　　　ISBN 978-89-7435-463-3　03230

　　　글 저작권 ⓒ2014 이필찬

* 신 저작권법에 의하여 한국 내에서 보호받는 저작물이므로 저작권자의 서면 허락 없이 이 책의 어떠한 부분이라도 전자적인 혹은 기계적인 형태나 방법을 포함하여 그 어떤 형태로든 무단전재와 무단복제 하는 것을 금합니다.

이 도서의 국립중앙도서관 출판시도서목록(CIP)은 서지정보유통지원시스템 홈페이지(http://seoji.nl.go.kr)와 국가자료공동목록시스템(http://www.nl.go.kr/kolisnet)에서 이용하실 수 있습니다. (CIP제어번호 : CIP2014034644)

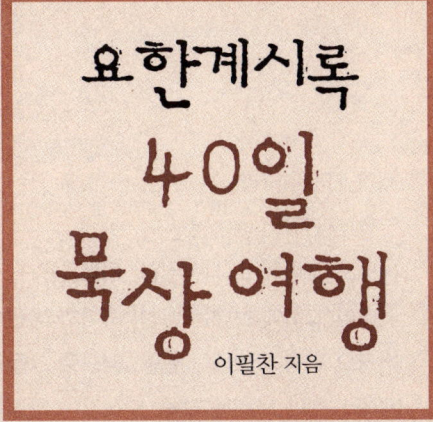

요한계시록
40일
묵상여행

이필찬 지음

the Book of Revelation

이레서원

차례

머리말 _6

1. 1:1-8   때가 가까우니라 _8
2. 1:9-20   부활 승귀하신 예수님 _14
3. 2:1-7   에베소 교회에 보내는 말씀: 처음 사랑을 회복하라
   2:8-11   서머나 교회에 보내는 말씀: 죽기까지 신실하라 _20
4. 2:12-17   버가모 교회에 보내는 말씀: 검으로 그들과 싸우리라
   3:1-6   사데 교회에 보내는 말씀: 도적같이 너희를 찾아갈 것이다 _26
5. 2:18-29   두아디라 교회에 보내는 말씀:
             회개치 않는 자를 환난에 던질 터이요 _32
6. 3:7-13   빌라델비아 교회에 보내는 말씀:
             적은 능력을 가지고 인내의 말씀을 지켰다 _38
7. 3:14-22   라오디게아 교회에 보내는 말씀: 차든지 뜨겁든지 하라 _44
8. 4:1-11   하늘에 있는 하나님의 보좌 _50
9. 5:1-14   누가 이 봉인을 떼고 두루마리를 펼 수 있겠는가? _56
10. 6:1-8   피조물을 향한 네 개의 인 심판 _62
11. 6:9-11   다섯 번째 인 심판: 우리의 억울함을 갚아 주시는 심판 _68
12. 6:12-17 여섯 번째 인 심판: 누가 진노의 날에 능히 서겠는가? _74
13. 7:1-8   이마에 하나님의 인을 받은 자 십사만 사천 _80
14. 7:9-17   하늘에 있는 아무도 셀 수 없는 큰 무리 _86
15. 8:1-5   일곱 번째 인 심판: 심판과 기도 _92
16. 8:6-13   처음 네 개의 나팔 심판 _98
17. 9:1-11   다섯 번째 나팔 심판: 별이 하늘에서 떨어지다 _104
18. 9:12-21 여섯 번째 나팔 심판: 회개하지 아니하더라 _110

the Book of Revelation

19.	10:1-11	열린 두루마리: 하나님의 구속 역사의 온전한 성취 _116
20.	11:1-13	십자가의 길을 가는 두 증인 _122
21.	11:14-19	일곱 번째 나팔 심판: 세상 나라가 하나님의 나라가 되다 _128
22.	12:1-6	영적 전투의 현장(1): 예수 그리스도의 탄생의 순간 _134
23.	12:7-17	영적 전투의 현장(2): 하늘과 땅에서 일어난 전쟁 _140
24.	13:1-18	짐승의 역습 _146
25.	14:1-5	하늘의 십사만 사천 _152
26.	14:6-20	짐승과 어린 양, 누가 강한 자인가? _158
27.	15:1-8	하늘의 이긴 자들과 대접 심판 _164
28.	16:1-9	우주를 대상으로 한 일곱 대접 심판 _170
29.	16:10-21	다섯·여섯·일곱 번째 대접 심판: 어둠과 아마겟돈 전쟁 _176
30.	17:1-18	큰 음녀, 짐승과 어린 양 그리고 하나님의 주권 _182
31.	18:1-13	무너졌도다! 바벨론이여 _188
32.	18:14-24	하늘이여 즐거워하라 _194
33.	19:1-10	참되고 공평하신 하나님 _200
34.	19:11-21	백마 타고 오시는 예수님 _206
35.	20:1-6	종노릇과 왕 노릇 _212
36.	20:7-15	최후의 심판 _218
37.	21:1-8	내가 받을 유업은 새창조인가? 불과 유황인가? _224
38.	21:9-21	그리스도의 신부, 새예루살렘 _230
39.	21:22-22:5	아름다운 새예루살렘 공동체 _236
40.	22:6-21	내가 속히 오리라 _242

머리말

어딘가 훌쩍 여행을 떠나고 싶은 마음이 생길 때가 있는가? 그러면 요한계시록으로 묵상 여행을 떠나 보라. 기간은 40일이고 출발은 당신의 책상에서 하면 된다. 방법은 있는 그 자리에서 매일 한 장씩 『요한계시록 40일 묵상 여행』을 펴면 된다. 간편하지 않은가? 그러나 이 여행에서 얻는 것은 크다. 천하를 얻을 수 있다. 왜냐하면 요한계시록은 예수님의 구속 사역을 통한 새창조, 곧 하늘과 땅의 회복을 말하기 때문이다. 이러한 보장이 있다면 누가 이를 마다할까? 이 글을 읽고 있는 당신은 그 축복의 한복판에 있음을 확신하라.

이번에 『요한계시록 40일 묵상 여행』을 출판하게 됨을 기쁘게 생각한다. 먼저 하나님께 영광을 돌린다. 어떻게 하면 요한계시록 말씀에 성도들이 쉽게 다가갈 수 있을지 오랫동안 고민해 왔다. 그러한 고심 끝에 탄생한 것이 바로 이 묵상 여행이다. 요한계시록의 쉽지 않은 해석을 묵상과 결합해서 제공한다면 좀 더 쉽게 접근할 수 있지 않을까 생각했다. 얼마 전에 아가페 출판사에서 쉬운 큐티용으로 요한계시록을 비교적 쉽고 간단하게 저술한 적이 있다. 그것이 이 책의 산파 역할을 했다고 볼 수 있다.

이 책은 묵상 열기, 본문 여행, 묵상 여행 그리고 나의 결단 순으로 구성되어 있다. 이 구성에서 볼 수 있듯이 이 책은 묵상과 여행 그리고 결단이라는 세 개의 키워드를 근간으로 한다. 묵상이라고 함은 영성을 추구하는 것이고, 여행이라고 함은 다소 부담 없이 접근해 보자는 것이며, 결단은 묵상을 행동으로 옮겨 보자는 취지이다. 그러므로 본서의 목적은 무거운 인상을 주고 이해하기 어렵고 우리들의 실생활과는 거리가 있어 보이는 요한계시록을 좀 더 흥미롭고 쉽게 우리의 눈높이에 맞추어서 바로 여기 우리들의 이야기임을 체험할 수 있도록 해 보자는 것이다.

이 여행에는 네 개의 길목이 있는데 그 나름의 이유와 목적이 있다.

첫 번째 길목인 '묵상 열기'는 묵상 진입을 위해 예열을 하는 단계이다. 이 부분에서는 여행을 시작하는 시점에서 묵상의 포인트를 잡아 주기도 하고 동기 부여를 위해 질문을 던지기도 한다. 독자들은 이 단계에서 그날 묵상의 전체적인 내용과 방향과 묵상을 위한 동기 부여를 받을 수 있다.

두 번째 길목인 '본문 여행'은 본문에 대한 효과적인 묵상을 위해 간단하게 설명하는 목적을 가진다. 가능하면 쉽게 본문을 설명하려고 노력했다. 너무 간단하면 내용 이해가 부족할 것 같고 너무 많은 내용을 전달하려고 하면 묵상에 방해가 되고 책의 취지에 어긋나는 경우가 생길 수 있어 글을 써 내려가며 매우 신중을 기해야만 했다. 제한된 지면 때문에 본문에 대한 해석을 충분히 전달하지 못할 수도 있겠다는 아쉬움을 뒤로 하고 이 길목을 떠난다. 본문에 대한 좀 더 자세한 해석을 알고 싶다면 본인의 저서인 『내가 속히 오리라』(이레서원, 2006)를 참고할 수 있다.

세 번째 길목인 '묵상 여행'은 본문 여행의 내용을 가지고 묵상을 진행한다. 묵상은 본문에 대한 정확한 이해가 없이는 자칫 인간의 상념에 그칠 수 있다. 진정한 묵상은 본문에 대한 올바른 이해에서 출발한다. 그러므로 본문에 대한 올바른 이해에 기초해서 본문을 묵상할 때 성령이 역사하여 우리의 마음에 울림을 경험할 수 있다.

끝으로 네 번째 길목인 '나의 결단'은 묵상 여행의 절정이다. 이 단계는 본문 여행과 묵상을 끝내고 난 후에 어떻게 살 것인가를 정리하고, 마음의 결단을 통해 말씀을 실천해 보려는 목적으로 마련하였다. 묵상만으로 끝난다면 그것은 묵상의 본질이 아닐 것이다.

이 여행을 다 마치고 난 후에 우리는 무엇을 할 것인가? 천하를 얻은 자로 하늘에 거하는 자로 이제 우리의 삶의 터전인 세상으로 변혁의 삶을 위해 나아가야 할 것이다.

무엇보다도 이 책이 나오기까지 항상 옆에서 기도로 함께해 준 아내 경희에게 감사하고, 이레서원 김기섭 사장님과 편집부 직원들 그리고 항상 옆에서 큰 힘이 되어 주는 이필찬요한계시록연구소 스태프 모두에게 감사하고 싶다.

2014년 11월 용인에서

때가 가까우니라

1:1-8
찬송 482 (통 49)

묵상 열기 :

오늘 본문의 화두는 1:3의 '때가 가깝다'와 1:1의 '반드시 속히 일어나야만 하는 것들'과 1:7의 '구름 타고 오신다'라는 세 개의 문구들이다. 이 문구들은 성경적 종말의 의미를 제시하는 것으로서 요한계시록 전체 해석의 향방을 결정한다. 이 세 문구에 대한 올바른 이해는 이 종말의 시대를 통찰하는 데 결정적이다.

본문 여행 :

1절 예수 그리스도의 계시: 예수님은 메시아이다. 요한은, 예수님께서 하나님으로부터 보냄 받은 메시아로서 하나님의 구속 사역을 성취하기 위해 이 세상에 오신 분이심을 선언하며 요한계시록 기록을 시작한다. 요한계시록은 바로 이러한 예수님을 계시한 책이다. 예수님의 인격과 그분의 사역을 요한계시록을 통해 배울 수 있다. 그분이 하신 사역 중에 가장 중요한 것은 성육신과 지상 사역 그리고 십자가의 죽음을 통해 하나님 나라를 이 땅에 도래하게 한 종말적 사역이다.

반드시 속히 일어날 일들: 이 문구는 '반드시 속히 일어나야만 하는 것들'이라고 풀어서 말할 수 있다. 불특정 다수의 일들을 일컫는 것이 아니다. 하나님의 구속 계획으로서 하나님 나라가 반드시 임할 것을 약속한 다니엘 2:28(날들의 마지막에 반드시 될 것들)의 종말적 성취로서 하나님의 나라가 예수님을 통해 이 땅에 긴박하게 임하게 되었음을 의미한다. 예수님은 이러한 일들을 친히 이루셨으며, 요한계시록은 그것을 종들 곧 모든 성도에게 보여 주기 위해 기록되었다.

3절 이 예언의 말씀을 읽는 자와 듣는 자와 그 가운데에 기록한 것을 지키는 자는 복이 있나니: 성경적 의미의 예언이란 단순히 앞의 일을 미리 말하는 것이 아니라, 하나님의 뜻과 계획을 대언하는 행위나 그 내용을 일컫는다. 그러한 점에서 요한계시록은 단순히 미래의 역사적 시나리오를 미리 예고하는 것이 아니라 종말적 하나님 나라의 도래를 선포한다. 여기서 중요한 것은 이 말씀을 듣고 지키는 것은 분리되는 것이 아니라 하나의 행동이라는 점이다. 요한계시록은 단순히 듣는 데 그치지 말고 들은 것을 지키라고 요청한다. 순종하는 자들에게 복이 있다. 말씀에 순종하다가 고난을 당하더라고 그것이 순종하는 자들에게는 복이 된다.

(왜냐하면) 때가 가까움이라: 그 이유는 바로 때가 가깝기 때문이다. 마가복음 1:15(때가 찼고 하나님의 나라가 가까이 왔다)과 관련하여 볼 때 이 '때'는 하나님 나라의 도래의 때이며, 그때가 가깝다는 것은 때가 찼다는 것을 의

미한다. 예수님의 초림으로 이미 종말의 때가 차서 시작되었다는 것이다. 곧 하나님 나라가 이미 임해 있으므로 그 말씀을 순종하는 자는 그 나라의 통치를 경험할 수 있기 때문에 복이 있다. 하나님의 통치 안에 사는 것이 가장 복된 삶이다.

4절 일곱 교회에 편지하노니: '일곱'이라는 숫자는 완전한 숫자로서 일차적으로는 소아시아에 있는 역사적으로 존재하는 교회들을 의미하는 것이지만, 동시에 이 세상에 존재하는 모든 교회를 포함한다. 요한계시록은 편지의 형식을 가진다. 편지는 발신자와 수신자가 서로 소식을 주고받는다. 발신자는 요한이고 수신자는 소아시아의 일곱 교회 성도들이다. 오늘날의 독자는 이들이 서로 주고받는 고유한 언어적 코드에 잘 적응하는 것이 필요하다.

5절 땅의 임금들의 머리가 되신: 부활하신 그리스도를 향한 믿음 때문에 로마 제국의 황제 숭배의 도전을 받고 있는 요한계시록의 독자들은 '누가 진정으로 이 세상을 다스리는 통치자인가'라는 질문에 직면한다. 이 문구는 이 질문에 대한 답을 던져 준다. 예수 그리스도는 모든 세상 왕들의 머리로서 그 어떠한 권세보다 뛰어난 권세를 가진 분이시다.

6절 나라와 제사장: 여기에서 나라는 하나님 나라를 의미하며, 하나님 나라는 하나님께서 다스리신다는 것을 의미한다. 제사장은 하나님의 다스리심을 세상에 알리며 세상의 연약함을 하나님께 가지고 가는 중개자 역할을 한다. 하나님은 우리를 나라와 제사장으로 삼으셔서 하나님의 살아계심을 세상에 알리는 통로로 사용하시기를 기뻐하셨다. 이러한 것이 이루어지게 된 것은 종말의 시대에 이 땅에 하나님 나라가 도래했기 때문이다.

7절 a) 구름을 타고 오시리라. b) 각 사람의 눈이 그를 보겠고 그를 찌른 자들도 볼 것이요 땅에 있는 모든 족속이 그로 말미암아 애곡하리니: 7a)는 다니엘 7:13을 배경으로 이해해야 한다. 다니엘 7:13에서 '인자 같은 이'가 구름 타고 하나님께로 가서 나라와 권세를 받는 것처럼, 7a)에서 예수님은 구름 타고 하나님께로 나아가 하나님 나라의 권세를 받으시는 대관식을 치르신다. 이러한 장면은 사도행전 1:9에서 예수님이 구름 타고 승천하시는 장면에 동일하게 나타난다. 7b)는 스가랴 12:10의 말씀을 배경으로 한다. 스가랴 12:10에서는 창에 찔리신 분이 하나님으로 설정된다. 여기에서 찔리셨다는 것은 하나님을 떠난 이스라엘 백성에게 느끼는 하나님의 아픈 감정에 대한 은유적 표현이다. 그런데 종말에 그러한 이스라엘에게 은총과 간구의 영을 부어 주셔서 그들이 회개하게 된다는 것이다. 이러한 스가랴서의 내용이 요한계시록에 적용된다. 요한계시록 본문에서 창에 찔리는 대상은 하나님에서 예수님으로 바뀌고, 찌르는 주체가 이스라엘에서 '모든 사람'으로 바뀐다. 은총과 간구하는 영을 받은 모든 사람이 애곡하면서 회개하게 된다. 예수님께서 구름과 함께 하나님께로 가셨을 때 은총과 간구의 영이신 성령을 보내 주셨기 때문이다. 이러한 회개의 사건은 재림 때 일어나는 것이 아니라, 예수님의 승천으로 성부로부터 보냄 받은 은총과 간구의 성령으로 말미암아 오늘날도 지속적으로 일어나게 된다.

8절 알파와 오메가: 이것은 시작과 끝을 의미하는 것으로 창조하신 분이 완성하시리라는 것이다. 완전하신 하나님은 자신의 창조 목적대로 한 치의 오차도 없이 반드시 완성될 피조물의 모습을 보여 주실 것이다.

묵상 여행

요한계시록은 다니엘서와 같이 구약에서 하나님의 나라가 도래하여 종말의 때가 이미 시작되었다는 사실을 강조하면서 시작한다. '반드시 속히 일어나야만 하는 것들'(1:1)은 다니엘 2:28을 배경으로 하여 하나님 나라가 긴박하게 임했다는 것을 의미하고, '때가 가깝다'(1:3)는 예수님의 오심으로 때가 차서 하나님 나라가 이미 시작되었다는 마가복음 1:15을 배경으로 하여 '때가 왔다'는 것을 의미하며, '볼지어다 구름 타고 오신다'(1:7)는 다니엘 7:13과 스가랴 12:10을 배경으로 하여 왕으로 등극하시기 위해 하나님께로 나아가는 예수님의 승천을 의미하는 것으로 간주할 수 있다. 부활하셔서 임금들의 머리가 되신 예수님은 모든 만물을 통치하시는 왕으로 등극하셨으며 동시에 우리를 왕 같은 제사장으로 삼아 주셔서 이 땅에서 하나님의 통치를 드러내는 삶을 살도록 해 주셨다. 결국 이러한 모든 결과는 창조하신 것을 필연적으로 회복하시고 성취하시고 완성하시는 알파와 오메가 되시는 하나님의 주권적 역사에 의해 종말의 시대에 빛을 보게 된 것이다.

나의 결단 :

나는 이 시대의 엄중한 부르심에 눈을 뜬다. 그것은 하나님 나라의 통치를 받으며 종말의 삶을 살라는 부르심이다. 나의 삶 속에서 그 나라의 실존이 온전히 드러나며 내가 그 통로가 되기를 간절히 기도한다. 그리고 하나님 나라가 나를 통해 온전히 드러나도록 나 자신을 정결하게 해야겠다.

Day 2

부활 승귀하신 예수님

1:9-20
찬송 161 (통 159)

묵상 열기

오늘 본문에서 요한은 상징적 환상 중에 부활하시고 승천하신 예수님을 만나게 된다. 예수님은 하나님으로, 메시아로 그리고 제사장으로 나타나신다. 이러한 예수님은 요한에게 요한계시록의 말씀을 기록하여 일곱 교회에 보내라고 명령하신다. 그러므로 이 말씀은 구약에서의 하나님의 명령과 같이 엄위한 명령이다.

본문 여행

9절 나 요한은 너희의 형제요 예수의 환난과 나라와 참음에 동참한 자라: 이 문구는 '예수 안에 있는 환난과 나라와 참음'이라고 번역해야 할 것이다. 여기에서 나라는 이미 임한 하나님 나라이다. 이 단어를 중심으로 앞과 뒤에 환난과 참음이라는 단어가 사용된다. 환난과 참음이라는 두 단어는 서로 밀접하게 관련되고 있다. 그리고 하나님 나라는 바로 환난과 참음을 필연적으로 동반한다. 요한은 독자들과 자신을 바로 이러한 하나님 나라에 동참한 자들이라고 하여 고난 중에 있는 독자들과의 동일시를 시도한다. 이러한 동일시는 요한계시록의 말씀을 더욱 잘 받아들이도록 마음의 준비를 가능하게 한다.

하나님의 말씀과 예수를 증언하였음으로 말미암아 밧모라 하는 섬에 있었더니: 이 문구는 '하나님의 말씀과 예수의 증거를 위하여 밧모라 하는 섬에 있었다'라고 번역하는 것이 옳다. 여기에서 '하나님의 말씀과 예수의 증거'라는 문구는 2절에서 '하나님의 말씀과 예수 그리스도의 증거 곧 자기가 본 것'이라고 한 것에 근거하여 요한계시록 전체를 표현하는 것으로 이해할 수 있다. 그것을 위하여 밧모라는 섬에 있었다는 것은 요한계시록을 기록하기 위해 밧모라는 섬에 있게 되었다는 것으로 이해할 수 있다.

10절 성령에 감동되어: 정확하게 번역하면 '성령 안에서'라고 할 수 있다. 요한계시록의 말씀은 성령 안에서 주어지고 있다. 이러한 점에서 요한계시록에서 성령은 계시가 주어지는 환경으로서 역할을 하고 있다.

11절 써서 에베소, 서머나, 버가모, 두아디라, 사데, 빌라델비아, 라오디게아 등 일곱 교회에 보내라: 여기에서 일곱 교회의 순서는 서신이 전달되는 순서로 구성된다. 그리고 '써서…보내라'는 문구는 마치 선지적 말씀이 선지자들에게 임하여 그것을 기록하고 선포하는 형식과 유사하다. 요한계시록은 선지적 말씀의 전통을 잇는 예언의 말씀의 절정이다.

13절 인자 같은 이: 다니엘 7:13을 배경으로 하는 메시아적 신분을 나타내는 표현으로서, 예수님을 메시아로 규정하고 있다.

발에 끌리는 옷을 입고 가슴에 금띠를 띠고: 이러한 모습은 제사장의 모습을 연상시킨다. 발에 끌리는 옷은 출애굽기 28:4에서 제사장이 입고 있는 복장과 동일하다. 금띠는 제사장의 복장 중에 '에봇'이나 '띠'를 가리키는 것으로 이해할 수 있다.

14-15절 14) 그의 머리와 털의 희기가 흰 양털 같고 눈 같으며… 15) 그의 발은 풀무불에 단련한 빛난 주석 같고: 14절의 모습은 다니엘 7:9에서 '옛적부터 항상 계신 이'로서 하나님을 묘사하였던 표현을 사용하고 있다. 예수님께서 바로 하나님이시라는 의미를 전달한다. 그리고 15절은 그리스도의 영광과 능력을 강조한다.

16절 그의 오른손에 일곱 별이 있고 그의 입에서 좌우에 날선 검이 나오고: 전자의 모습에서 일곱 별들은 일곱 촛대에 대응되는 것으로서 예수님은 교회를 주관하는 분이시라는 의미를 갖는다. 그리고 후자는 이사야 11:4의 '그 입의 막대기로 세상을 치며'와 이사야 49:2의 '내 입을 날카로운 칼같이 만드시고 나를 그 손 그늘에 숨기시며'라는 말씀을 배경으로 메시아적 통치를 보여 준다.

17절 내가 볼 때에 그의 발 앞에 엎드러져 죽은 자같이 되매 그가 오른손을 내게 얹고: 다니엘 10:18-19의 장면과 동일하다. 이러한 동일시는 요한의 역할이 하나님 나라의 종말적 도래를 선포하는 다니엘의 역할과 동일하다는 것을 의미한다.

19절 네가 본 것과 지금 있는 일과 장차 될 일을 기록하라: 이 본문은 네가 본 것 곧 과거를 포함한 현재의 일뿐 아니라 앞으로 일어날 일들을 기록하라는 의미이다. 요한은 예수님의 십자가 사건으로 말미암아 성취된 현재적 구속 사건과 재림으로 말미암아 완성될 구속 사건을 환상으로 보고 기록하고 있다. 이 모든 역사에는 예수님이 중심이 되신다. 요한계시록은 바로 예수 그리스도의 계시이기 때문이다.

20절 네가 본 것은 내 오른손의 일곱 별의 비밀과 또 일곱 금 촛대라 일곱 별은 일곱 교회의 사자요 일곱 촛대는 일곱 교회니라: 요한은 환상 중에 일곱 별과 일곱 금 촛대를 본다. 일곱 금 촛대와 일곱 별이 서로 동시에 언급되는 것에는 특별한 목적이 있다. 본문에서 일곱 금 촛대는 일곱 교회를 상징하는 것으로 해석하고 일곱 별은 일곱 교회의 천사('사자'라는 말의 뜻)라고 해석한다. 여기에서 일곱 교회와 일곱 교회의 천사 사이의 밀접한 관계를 알 수 있다. 이 둘의 밀접한 관계는 지상에 존재하는 일곱 교회에 대한 천상적 대응체라는 관계로 설명될 수 있다. 곧 교회가 지상에 존재하지만 동시에 교회는 그리스도와 함께 하늘에 존재한다는 것을 보여 주려는 의도를 가진다.

묵상 여행

요한은 자신을 예수 안에서 환난과 인내에 동참한 자라고 독자에게 소개한다. 그는 일곱 교회 독자들에게 성령 안에서 받은 환상의 계시를 기록하여 알린다. 요한이 예수님의 하나님 되심과 메시아 되심과 제사장 되심을 표현하는 방식은 독특하다. 구약에서 이러한 세가지 속성을 나타내는 다양한 방식들을 모아서 예수님에 대한 메시지를 절묘하게 구성하고 있다. 이러한 저자의 예수님에 대한 심오한 신학적 사색은 읽는 이로 하여금 감탄을 금치 못하게 한다. 예수님은 하나님이시다. 오늘날 우리에게는 평범한 말일지 모르지만 초대교회 성도들에게는 가슴 설레는 말씀이 아닐 수 없다. '인간으로 오신 예수님이 어찌 하나님이실 수 있는가?'라고 사람들은 의혹을 가질지 모른다. 그러나 이러한 사실은 입증되어야 하는 대상이 아니라 선언되고 선포되는 대상이다.

하나님과 동등하신 예수님은 메시아로서 오셔서 메시아 왕국을 세우시고 하나님의 뜻을 가장 완벽하게 이루셨다. 뿐만 아니라 제사장으로서 긍휼과 사랑으로 지금도 하늘 성전에서 우리를 위한 중보의 사역을 감당하고 계신다. 그러므로 하나님의 절대 권위를 가지신 분이시며 메시아로서 하나님의 사역을 지상에서 완전하게 이루신 것, 제사장으로서 지금도 여전히 성도들을 위해 역사하고 계시다는 사실은 절묘한 조화를 이루고 있다.

나의 결단 :

이천 년 전 요한이 일곱 교회에 보낸 편지인 요한계시록은 오늘 아침 나에게도 전달되고 있다. 성령 안에서 기록되었으므로 동일한 성령께서 지금도 나에게 생동감 있게 동일한 감동으로 말씀하신다. 그래서 더욱 그 말씀에 순종하고 싶은 열망이 나를 압도한다. 하나님이시며 메시아이시고 자비롭고 충성된 제사장 되시는 예수님의 계시의 증거는 절대적인 신적 권위를 갖는다. 그분의 말씀 앞에 필요한 것은 전적인 순종이다. 그러므로 오늘 나는 다시 예수님의 말씀에 순종할 준비를 갖추기 원한다. 그리고 제사장이신 예수님으로부터 순종의 삶을 위해 도움을 구하기를 원한다.

Day 3

2:1-11
찬송 93 (통 93)

에베소 교회에 보내는 말씀(2:1-7) :
처음 사랑을 회복하라

서머나 교회에 보내는 말씀(2:8-11) :
죽기까지 신실하라

묵상 열기

에베소는 이방 세계에서 교회의 시작에 중요한 역할을 담당했을 뿐만 아니라 지리적으로 소아시아 지역으로 들어가는 가장 좋은 항구 도시였고, 도미티안 황제가 자신을 숭배하는 신전을 건축한 곳이기도 하다. 서머나는 황제 숭배의 중심지로 주변 전 지역의 황제 숭배를 위한 신전을 총괄하는 기능을 했다. 이를 힘입어 경제적 부를 축적할 수 있었다. 이러한 지역적 특징을 가진 두 교회가 예수님으로부터 어떤 평가를 받고 권면을 받는지 살펴보는 것이 오늘 묵상의 중요한 포인트이다.

본문 여행

1절 에베소 교회의 사자에게: 이 문구는 정확하게 번역하려면 '에베소 교회의 천사들에게'라고 해야 한다. 에베소 교회 공동체와 천사를 동일시한다. 이것은 에베소 교회가 지상에 존재하지만 천상적 존재로 간주되고 있기 때문이다. 이것은 다른 나머지 교회들에게도 적용된다.

오른손에 있는 일곱 별을 붙잡고 일곱 금 촛대 사이를 거니시는 이: 일곱 별은 일곱 교회의 천사(1:20)를 의미하는 것으로, 교회는 지상에 존재하지만 동시에 하늘에 존재함을 나타낸다. 우리는 지상에 살고 있지만 하늘에 속한 성도임을 기억해야 한다. 일곱 금 촛대는 일곱 교회(1:20)로 교회 공동체를 대표한다. 예수님은 교회 공동체 가운데 거니시며 임재하시는 분으로 교회의 주인이시다.

2절 악한 자들을 용납하지 아니한 것: 악한 자들은 거짓 교사로 니골라당을 가리킨다(2:6). 에베소 교회는 교회 안에 있는 거짓교사를 시험하고 결국 그 거짓된 것들을 드러내는 수고와 인내로 예수님께 칭찬을 받고 있다.

4절 너의 처음 사랑을 버렸느니라: 예수님은 칭찬과 함께 책망을 하신다. 에베소 교회 안에 거짓교사의 문제를 해결하는 과정에서 형제를 사랑하는 마음을 잃었기 때문이다. 여기에서 처음만큼 사랑하지 않았다는 것은 하나님에 대한 사랑뿐만 아니라 형제에 대한 사랑을 포함한다. 교회 안의 거짓교사 때문에 분열되어선 안 되지만 형제에 대한 사랑을 잃어버려서도 안 된다.

5절 어디서 떨어졌는지를 생각하고: 4절에서 지적한 잘못에 대해 회개를 촉구하고 있다. 주님은 에베소 교회 성도들에게 어디에서부터 처음 사랑을 버리게 되었는지 기억하라고 말씀하신다. 그래서 다시 처음 행위로 돌아가는 즉각적인 회개를 원하고 계신다.

네 촛대를 그 자리에서 옮기리라: 이 문구는 교회의 본질을 상실하게 된다는 말이다. 이것은 단순히 미래에 일어날 심판만이 아니라 그 이전에도 언제든지 일어날 수 있는 사건이다.

7절 귀 있는 자는 성령이 교회들에게 하시는 말씀을 들을지어다: 이 문구는 마치 후렴처럼 일곱 교회에 주어지는 모든 메시지에 반복되어 나타난다. 특히 '교회'라는 단어는 원문에 복수로서 '교회들'이라고 하여 모든 교회가 이 말씀에 귀를 기울여야 한다는 의미를 가진다. 이러한 표현은 일곱 교회 모두에 일관성 있게 사용되고 있다. 예수님이 말씀하시는 것으로 시작하여 '성령'께서 하시는 말씀이라고 끝맺는 것은 이 말씀이 모든 시대의 사람들에게 적용됨을 보여 준다.

이기는 그에게는 내가 하나님의 낙원에 있는 생명나무의 열매를 주어 먹게 하리라: 처음 사랑을 회복하고 세상 속에서 하나님의 말씀에 순종하는 자에게 주시는 약속의 말씀이다. 생명나무의 열매는 삶 속에서 누리는 지속적인 하나님의 임재의 축복이며, 또한 하나님이 주시는 영원한 생명이다. 우리는 날마다 이기는 자가 될 때 하나님이 주시는 충만한 임재를 경험하는 귀한 은혜를 맛볼 수 있다.

8절 처음이며 마지막이요 죽었다가 살아나신 이: 서머나 교회에게 말씀하시는 예수님은 역사의 처음과 마지막을 주관하는 분이시다. 이러한 사실은 그분이 죽었다가 다시 살아나신 부활로 입증된다. 그분은 부활 후에 만물의 주관자로 등극하신 것이다. 핍박과 고난 속에 있던 서머나 성도들에게 부활하신 주님이 역사의 주관자라는 사실은 큰 버팀목이 되었을 것이다.

9절 내가 네 환난과 궁핍을 알거니와 실상은 네가 부요한 자니라: 황제 숭배가 정치·경제적인 정황에 밀접하게 연결고리를 형성하고 있는 서머나에서, 믿음을 지키기 위해 황제 숭배를 거부하면 가난해질 수밖에 없다. 그러나 예수님은 그들을 참으로 부요한 자로 여기신다. 왜냐하면 그들은 이 세상의 풍요 대신 하늘의 영원한 축복을 얻은 자들이기 때문이다.

10절 마귀가 장차 너희 가운데에서 몇 사람을 옥에 던져 시험을 받게 하리니 너희가 십 일 동안 환난을 받으리라: 열흘이라는 기간은 다니엘 1:12-15을 배경으로 한다. 다니엘과 세 친구들은 열흘간 우상의 제물을 먹지 않고 하나님을 향한 전적인 신뢰를 보여 주었다. 서머나 교회 역시 주어진 환난 속에서 그들의 신앙의 순수성을 보여 주어야 한다. 서머나 교회 성도들은, 자칭 유대인이라 하나 실상은 유대인이 아니요 사탄의 회당인 자들에 의해 시험을 받은 바도 있었다. 그러나 다니엘의 승리를 거울삼아 환난 중에 승리에 대한 확신을 얻는다.

네가 죽도록 충성하라: 이 문구는 '죽기까지 신실하라'는 것으로 번역하는 것이 적절하다. 이것은 지역 교회 일에 충성하라는 뜻이 아니라, 황제 숭배를 거부함으로 죽음의 순간이 오더라도 하나님 앞에 믿음의 정조를 잃어버리지 말고 신실하라는 의미이다.

11절 이기는 자는 둘째 사망의 해를 받지 아니하리라: 두 번째 죽음으로 해를 당하지 않는다는 것은 영원한 형벌에 처하지 않는 것(20:14)으로, 10절에 언급된 '생명의 면류관'과 동일한 의미를 가진다. 그러므로 승리하는 자는 죽기까지 신실함을 지키는 자로 영원한 생명의 면류관을 쓰게 될 것이다.

묵상 여행

에베소 교회와 서머나 교회는 모두 하늘의 천사들에 상응하는 천상적 공동체임에 틀림없다. 그들은 지상에서 천상적 삶을 살아내야 하기에 부활 승천하셔서 하나님과 동등한 주권을 가지신 예수님의 말씀을 듣는다. 에베소 교회는 악한 자들, 곧 니골라당과 같은 거짓교사들을 분별해 내는 저력을 가지고 있었지만 그들은 처음 사랑을 잃어버렸다. 그들에게 필요한 것은 하나님과 형제들에 대한 처음 사랑을 회복하는 것이다. 예수님은 환난과 궁핍한 중에 부요한 교회로 평가받은 서머나 교회에, 열흘 동안의 환난을 죽기까지 신실한 자세로 승리하라고 권면하신다. 이기는 이들을 기다리고 있는 것은 영원한 구원의 기쁨이요 소망이다.

나의 결단

나의 처음 사랑의 상태는 어떠한가? 나는 죽기까지 신실한 삶을 살고 있는가? 형제를 판단하느라 하나님과 이웃에 대한 뜨거운 사랑이 식지는 않았는가? 타성에 젖어 신실한 마음을 잃지는 않았는가? 나는 오늘 다시 한 번 성령이 교회들에게 하시는 말씀에 귀를 기울여 본다. 또한 나는 죽기까지 하나님 앞에 신실하게 살기를 결심한다. 비록 겉으로 볼 때 궁핍과 환난 속에 있지만 그것은 예수님이 보실 때 부요한 것이므로 신실하게 하나님 앞에서 살아가기를 원한다.

Day 4

2:12-17, 3:1-6
찬송 420 (통 212)

버가모 교회에 보내는 말씀(2:12-17) :
검으로 그들과 싸우리라

사데 교회에 보내는 말씀(3:1-6) :
도적같이 너희를 찾아갈 것이다

묵상 열기

버가모 교회나 사데 교회 모두 심각한 문제가 있었다. 버가모 교회는 발람의 교훈이 교회에 침입했고, 사데 교회는 살았다 하는 이름은 가졌으나 죽었다는 점이다. 예수님은 이 두 교회에 대해 어떤 처방을 내리시는가? 우리는 예수님의 조치에서 어떤 교훈을 배울 수 있는가?

본문 여행

12절 좌우에 날선 검을 가지신 이: 황제 숭배로 인한 버가모 교회의 영적 심각성 때문인지 매우 강한 어조로 시작한다. '좌우에 날선 검을 가지신 이'는 예수님이 우주적 심판주이심을 의미한다. 이러한 예수님의 이름은 다음에 주어질 말씀에 중요한 기초가 된다.

13절 사탄의 권좌가 있는 데라…충성된 증인 안디바가 너희 가운데 곧 사탄이 사는 곳에서 죽임을 당할 때에도 나를 믿는 믿음을 저버리지 아니하였다: 버가모는 사탄이 왕으로 앉아 있는 곳으로, 당시 황제 숭배를 통해 사탄의 통치가 매우 강력했던 곳임을 보여 준다. 이곳에서 교회의 중심 멤버라고 할 수 있는 안디바가 죽임을 당했다. 이것을 지켜본 버가모 교회 성도들은 낙심과 좌절에 빠지지 않고 오히려 예수님에 대한 믿음을 신실하게 지켰다.

14절 네게 발람의 교훈을 지키는 자들이 있도다: 발람의 교훈은 이스라엘에게 우상의 제물을 먹게 하고 음란한 죄를 짓게 하였다(민 22:5-25:18). 이것은 과거에 발람이 거짓 교훈으로 이스라엘을 하나님께 범죄하게 했던 것처럼, 버가모 교회 공동체 안에 그와 같은 가르침이 있다는 것이다. 이러한 가르침은 니골라당의 교훈과 함께 버가모 교회 전체를 망하게 할 수 있는 것이기에, 예수님은 이를 지적하고 계신다.

16절 그러므로 회개하라. 그리하지 아니하면 내가 네게 속히 가서 내 입의 검으로 그들과 싸우리라: 예수님은 발람의 교훈인 니골라당의 가르침을 따르는 자들을 단순히 비난하는 데 그친 것이 아니라 회개할 것을 촉구하신다. 여기서 버가모 교회가 회개해야 한다는 것은 거짓교사들을 바로잡아 하나님의 심판을 면하게 해야 한다는 것이다. 마치 발람의 교훈이 이스라엘 전체를 타락시켰던 것처럼, 거짓 가르침은 교회 공동체의 부패를 가져올 수 있기 때문이다. 우리는 내가 죄를 짓지 않더라도, 교회 안에서 타인의 죄를 허용하고 묵인하는 것도 죄임을 깨달아야 한다.

17절 이기는 그에게는 내가 감추었던 만나를 주고 또 흰

돌을 줄 터인데: 과거 이스라엘 백성은 발람의 가르침이 아닌 하나님이 날마다 공급하시는 만나에 의존해야 했다. 버가모 교회 역시 발람의 교훈을 따르지 않고 끝까지 승리한다면 숨겨진 만나를 얻을 수 있을 것이다. 그것은 그들에게 끊어지지 않는 하늘의 생명 양식이 될 것이다. 그리고 흰 돌은 마지막 날 예수님의 혼인 잔치에 참여할 수 있는 초청장(19:9)과 같은 의미이다.

3장 1절 하나님의 일곱 영과 일곱 별을 가지신 이: '일곱 영'은 성령을 의미하며 '일곱 별'은 일곱 교회의 천사를 가리킨다. 여기에서 성령과 일곱 교회의 천사가 함께 등장하는 것은 성령과 교회의 밀접한 관계를 나타낸다.

네가 살았다 하는 이름은 가졌으나 죽은 자로다: 여기서 살았다는 것은 '활기차다'의 의미로, 사데 도시의 활기차고 힘이 넘치는 모습을 나타낸다. 겉으로 보기에는 그렇다. 그러나 내면적으로 볼 때 그들은 죽은 것과 같다. 예수님은 사데 교회가 활기차 보이는 겉모습과는 달리 죽어 있다는 사실을 통찰하신다.

2–3절 내 하나님 앞에 네 행위의 온전한 것을 찾지 못하였노니 그러므로 네가 어떻게 받았으며 어떻게 들었는지 생각하고 지켜 회개하라: 여기에서 '생각하라'는 '기억하라'로 번역하는 것이 적절하다. 이것은 어떻게 받았고 들었는지 기억하라는 의미이다. 그것은 바로 복음이다. 사데 교회 공동체는 그들이 복음을 받고 들음으로 그리

스도의 구원에 동참한 사건을 기억하라고 요구받고 있다. 이것은 에베소 교회 공동체에게 '어디서 잘못되었는지 생각하고, 회개하라'(2:5)고 요구한 것과 동일한 형식이다. 또한 그들이 받은 복음을 기억하고 순종하는 것은 회개하는 데 있어서 매우 중요하다.

만일 일깨지 아니하면 내가 도둑같이 이르리니 어느 때에 네게 이르는지 네가 알지 못하리라: 예수님의 오심은, 회개하지 않으면 지금 당장 도적같이 오셔서 그들을 심판하시겠다는 의미를 가진다. 그러나 회개하면 예수님의 오심은 발생하지 않을 것이다. 요한계시록에서 예수님의 오심은 항상 재림을 의미하지는 않는다.

4절 흰옷을 입고 나와 함께 다니리니: 흰옷을 입었다는 것은 하나님의 자녀로서 세상과 타협하지 아니하고 하나님에 대한 신실함을 잃지 않았다는 것을 의미한다.

5절 이기는 자는 이와 같이 흰옷을 입을 것이요 내가 그 이름을 생명책에서 결코 지우지 아니하고 그 이름을 내 아버지 앞과 그의 천사들 앞에서 시인하리라: 흰옷을 입을 것이라는 종말적 약속은 4절처럼 이미 이 세상에서 하나님의 자녀로서 신실한 삶을 살아갈 때 체험할 수 있는 것이다. 생명책은 이기는 자들의 구원에 대한 확고한 약속을 보증하시는 이미지로 사용된다. 그리고 주님도 하나님과 천사 앞에서 이기는 자를 분명히 시인하실 것이다.

묵상 여행:

사데 교회는 겉으로 보기에는 활기찬 교회이다. 그런데 주님이 보시기에는 죽은 상태에 있다. 이러한 상태가 가능하다는 것이 사데 교회의 모습을 통해 증명되고 있다. 활기차고 화려한 사데 교회가 사람들에게 선망의 대상으로 인정받는 교회일지는 모르지만 예수님 앞에서는 온전치 못하다. 이처럼 교회가 세상 앞에서 권력과 화려함을 과시하지 않고 예수님 앞에서 온전한 모습으로 세워지기 위해 애쓰는 것이 참으로 어려운가 보다. 주님은 그러한 사데 교회를 향하여 복음의 생명을 회복할 것을 요청하신다. 그렇지 않으면 예수님은 도적같이 임하셔서 심판하실 것이다.

버가모 교회는 신실한 증인 안디바의 순교에도 불구하고 믿음을 저버리지 않은 굳건한 신앙을 가지고 있었다. 예수님은 이 사실을 아시고 칭찬해 주신다. 하지만 발람의 거짓 가르침이나 니골라 당의 교훈으로 버가모 교회는 타락할 위험에 직면해 있었다. 거짓된 가르침은 건강한 교회를 가리지 않는다. 교회는 항상 거짓된 가르침의 도전을 받는다. 예수님은 버가모 교회를 향하여, 그러한 가르침이 교회에 침투한 것에 대해 회개할 것을 촉구하신다. 이러한 요청에 순종하지 않으면 버가모 교회도 예수님의 심판의 대상이 될 것이다.

나의 결단

나는 어떻게 신앙의 순수성을 유지할 것인가? 오늘날 발람의 교훈과 같은 변질된 복음과 맞서 싸울 수 있을까? 항상 말씀에 자신을 비추어, 사탄의 권좌가 지배하는 이 세상에서 성공적 신앙을 가르치는 바알 신앙을 거부한다. 나는 하나님 보시기에 온전하지 못한 모습일 때가 있다. 겉으로는 교회를 다니지만 내면은 죽은 것처럼 느껴질 때가 있다. 그때 돌아가야 할 지점은 바로 예수 그리스도의 복음을 처음 들었던 그 자리이다. 나는 복음을 처음 들었을 때 받았던 은혜를 기억하기를 원한다.

Day 5

두아디라 교회에 보내는 말씀 :
회개치 않는 자를 환난에 던질 터이요

2:18-29
찬송 250 (통 182)

묵상 열기

당시 두아디라는 상당한 번영을 누렸으며, 특별히 협동조합 형태의 경제 조직인 길드가 다른 어떤 도시보다 발달했다. 길드를 중심으로 벌어지는 축제는 우상 숭배가 핵심이었으며, 이를 거부하려면 경제적 손실을 각오해야 했다. 이러한 정황은 예수님을 따르는 믿음의 삶에 걸림돌이 되었다. 두아디라 교회는 예수님으로부터 어떤 평가를 받을 것인가?

본문 여행

18절 그 눈이 불꽃 같고 그 발이 빛난 주석과 같은 하나님의 아들: 눈이 불꽃같이 빛난다는 것은 우주적 심판주를 의미하며, 빛나는 청동 같은 발은 예수님의 영광스런 모습을 보여 준다. 예수님은 하나님의 아들로 메시아로서 영광스런 우주적 심판주가 되신다.

19절 내가 네 사업과 사랑과 믿음과 섬김과 인내를 아노니 네 나중 행위가 처음 것보다 많도다: 그들의 행위들은 사랑, 믿음, 봉사, 인내를 포괄하는 표현이다. 또한 처음보다 더 열심히 행함은 '처음 사랑을 버렸다'는 책망을 받은 에베소 교회와 대조된다. 예수님은 이러한 두아디라 교회의 모습을 보시고 기뻐하신다.

20절 네게 책망할 일이 있노라. 자칭 선지자라 하는 여자 이세벨을 네가 용납함이니: 이세벨은 두아디라 교회 안에서 하나님의 백성들을 잘못 가르쳐 음행과 우상 숭배의 죄에 빠지게 했다. 이 죄는 버가모 교회에서 니골라당의 가르침, 발람의 가르침에 의해 이스라엘 백성이 빠지게 된 죄와 동일하다(2:14). 예수님은 거짓 선지자 이세벨이 사탄의 조종을 받아 도전해 오는 것에 대해 진노하신다. 아마도 이세벨은 당시 두아디라에 성행했던 이교적 우상 숭배가 복음을 손상시키지 않는 문화일 뿐이라고 가르쳤을 것이다. 특별히 '길드'라는 경제 체제는 우상 숭배에 깊이 물들었지만, 경제적 이익을 주기 때문에 성도들의 생활에 깊이 침투하기 쉬웠을 것이다. 이를 내버려 두었다면 온 교회 공동체를 흔드는 결과를 가져올 수도 있었다.

22절 침상에 던질 터이요: 이세벨은 침상에서 음란한 범죄를 저지른 것에 대한 보응으로, 침상에 질병으로 누워 움직이지 못하게 될 것이다.

23절 또 내가 사망으로 그의 자녀를 죽이리니 모든 교회가 나는 사람의 뜻과 마음을 살피는 자인 줄 알지라: 여자의 가르침을 받은 자들은 이세벨이 양육해서 낳은 자들로 회개할 가능성이 없는 자들이다. 예수님은 사람의 마음과 생각의 깊은 곳까지 정확하게 아신다.

24절 두아디라에 남아 있어 이 교훈을 받지 아니하고 소위 사탄의 깊은 것을 알지 못하는 너희에게 말하노니 다른 짐으로 너희에게 지울 것은 없노라: 두아디라에 이세벨의 거짓된 가르침에 굴복하지 않은 하나님의 사람들이 남아 있었다. 이들은 두아디라 경제 체제가 추구하는 것을 따르지 않음으로 입게 될 상당한 경제적 손실을 감수한 자들이다. 경제적 손실은 이것만으로 그들에게 큰 짐이 었을 것이다. 그러므로 예수님은 그들에게 오직 자신의 가르침을 신실하게 따르는 것 이외에 다른 어떤 짐도 요구하지 않으신다.

25절 다만 너희에게 있는 것을 내가 올 때까지 굳게 잡으라: '너희에게 있는 것'이란 사탄의 깊은 것을 좇지 않는 신앙의 태도를 말한다. 언제까지 그러한 삶을 살아야 하는가? 그것은 바로 예수님이 오실 때까지이다.

26절 이기는 자와 끝까지 내 일을 지키는 그에게 만국을 다스리는 권세를 주리니: 여기에서 '이기는 자'와 '끝까지 내 일을 지키는 그'는 같은 의미를 가진다. 그리고 '만국을 다스리는 권세'란 복음을 통해 세상에 권세를 행사한다는 뜻이다.

27절 그가 철장을 가지고 그들을 다스려 질그릇 깨뜨리는 것과 같이 하리라: 이 본문은 시편 2:9의 말씀을 사용하고 있다. 여기에서 '철장'은 통치의 이미지로 사용된다. 그리고 '깨뜨리다'라는 단어는 메시아의 통치에 있어서 심판과 양육의 이중적 측면을 나타내 주고 있다. 곧 메시아의 통치를 받아들이는 자들에게 '철장'은 목자의 막대기일 수 있고 거부하는 자들에게는 돌을 부서뜨리는 방망이일 수 있다. 여기에서 이기는 자들은 이러한 메시아적 심판과 통치의 권세에 동참하게 하신다.

28절 내가 또 그에게 새벽 별을 주리라: 22:16에서 '다윗의 뿌리요 자손'과 '광명한 새벽 별'이 서로 동일한 의미로 사용된다. '다윗의 뿌리'란 이사야 11:1을 배경으로 메시아적 신분을 의미한다. 그렇다면 '광명한 새벽 별'도 역시 메시아적 의미를 갖는 것으로 이해할 수 있다. '새벽 별'에 대한 이러한 의미는 민수기 24:14-20에서 좀 더 확증된다. 여기에서 별은 메시아의 출현과 통치를 표현하는 단어이다. 따라서 승리하는 자에게 새벽 별을 주시겠다는 것은 예수님과 함께 메시아적 통치에 동참한다는 의미를 갖는다. 이러한 축복은 그리스도의 구속 사역으로 말미암아 현재에 누릴 수 있으며, 재림 후에 완성될 것이다.

묵상 여행 :

두아디라 교회는 처음 것보다 나중 행위가 더 훌륭한, 예수님께 칭찬을 받은 교회이다. 그럼에도 불구하고 여전히 이세벨의 이방적 교훈이 작용하고 있다. 건강해 보이는 교회에 이처럼 치명적 단점이 있다니 놀라운 일이다. 이러한 이방적 가르침의 주제는 행음과 우상 숭배이다. 예수님은 그러한 교훈을 간과하지 않으시고 심판하시기를 원하신다. 회개할 자들과 그렇지 못한 자들을 구별하여 심판하고자 하시는 것은 하나님의 의로우심과 은혜와 자비에 근거한다. 회개하는 자들은 은혜를 받지만 회개하지 않는 자들에게는 가차 없는 심판이 주어진다. 이것이 예언의 말씀의 특징이다. 예수님은 이를 행하심에 있어서 한 치의 오차도 없으시다. 왜냐하면 예수님은 외모로 사람을 취하지 않으시고 사람의 뜻과 마음을 살피시는 분이시기 때문이다(23절). 두아디라 교회에는 아직 사탄의 늪에 깊이 빠지지 않은 자들이 있다. 그들은 이세벨의 거짓된 가르침에 오염되지 않은 자들이며 세속적 경제 이익에 눈이 멀지 않은 자들이다. 예수님은 그들을 통해 희망을 보신다.

나의 결단:

내가 속한 공동체 가운데 음행과 우상 숭배를 조장하는 이세벨의 가르침은 없는가? 나는 그 가르침에 의해 영향을 받지는 않는가? 세속적인 정신세계는 이 모든 것을 아무렇지도 않게 허용하고 향유하며, 매스 미디어를 통해 더욱 확대 재생산하고 있다. 이러한 풍조를 거룩하신 예수님의 이름으로 단호하게 거부한다. 거룩한 삶을 살기로 선택한다. 음행과 우상 숭배를 거부하기로 결단한다. 나는 세상이 주는 유익과 안락함을 포기하고 끝까지 주님을 따르는 길에 서 있는가? 소아시아의 일곱 교회들은 황제 숭배를 거부하여 사회·경제적 불이익을 받았다. 믿음을 위해 때로는 포기해야 할 것들이 분명히 있다. 반면 순종할 때 따르는 하나님이 주시는 은혜와 축복은 그것과 비교할 수 없다. 그래서 그리스도와 함께 하늘에 거하는 나는 주님이 이 땅에 오실 때까지 신실하게 살아가기로 결심한다.

Day 6

빌라델비아 교회에 보내는 말씀 :
적은 능력을 가지고 인내의 말씀을 지켰다

3:7-13
찬송 380 (통 424)

묵상 열기

빌라델비아 교회는 모든 공동체가 따라가야 할 모델을 보여 준다. 예수님으로부터 책망이나 권면조차 받지 않은 유일한 교회이기 때문이다. 이러한 모습을 통해 예수님이 원하시는 참 교회의 모습을 찾아본다. 이러한 빌라델비아 교회에 예수님이 어떤 반응을 보이시는지도 중요한 관찰 포인트이다.

본문 여행

7절 다윗의 열쇠를 가지신 이: 신약성경에서 '다윗'의 이름은 메시아적 의미를 담고 있다. 다윗의 열쇠를 예수님께서 가지고 계신다는 것은 예수님이 메시아 왕국에 들어오거나 들어오지 못하게 할 권한을 가지고 계신다는 것을 의미한다. 다시 말해서 예수님이 구원과 심판의 권세를 갖고 계신다는 것이다.

8절 내가 네 앞에 열린 문을 두었으되 능히 닫을 사람이 없으리라: 이 말씀은 9절의 '유대인'과의 갈등 관계에서 이해해야 한다. 교회 공동체는 자신들만이 유일한 하나님의 백성이라 여기는 유대인들에 의해 정치·사회적 그리고 경제적 차원에서 많은 고난을 받고 있었다. 그래서 예수님 말씀에 순종했던 빌라델비아 교회 성도들은 유대인들의 닫힌 회당 문에서 소외되었다. 하지만 하나님은 그들을 위해 하나님 나라의 문을 열고 그들은 그 열린 문을 통해 들어가 그분의 백성이 될 수 있었다.

네가 작은 능력을 가지고서도 내 말을 지키며 내 이름을 배반하지 아니하였도다: 빌라델비아 교회 성도들이 예수님의 말씀을 순종하고 이름을 배반하지 않은 것은 큰 능력을 가지고 있었기 때문이 아니라 적은 능력을 가지고서도 그렇게 했다는 것이다.

9절 보라 사탄의 회당 곧 자칭 유대인이라 하나 그렇지 아니하고 거짓말하는 자들: 이들은 스스로 유대인이라 하지만 참 유대인이 아니며 도리어 사탄에 속한 자들이다. 이것은 충격적인 발언이다. 유대인들을 사탄에게 속한 자들이라고 하다니! 이 시대의 유대인들은 하나님의 백성으로서의 정체성을 상실하고 사탄의 진영에 속하여 빌라델비아 교회 성도들을 핍박함으로 하나님을 대적하는 자들이 되고 말았다. 여기에서 빌라델비아 교회 성도들이야말로 하나님의 유업을 상속하는 참유대인으로 간주된다.

그들로 와서 네 발 앞에 절하게 하고 내가 너를 사랑하는 줄을 알게 하리라: 시편 23:5의 "주께서 내 원수의 목전에서 내게 상을 차려 주시고"라는 문구를 생각나게 한다. 예수님은 빌라델비아 교회 성도들의 발 앞에 원수들이 굴복하게 하여, 예수님이 빌라델비아 교회 성도들을 사랑하는 줄을 알게 하시는 방법으로 성도들을 위로하고 격려해 주신다.

10절 네가 나의 인내의 말씀을 지켰은즉 내가 또한 너를 지켜: 이 말씀은 8절의 "내가 네 행위를 아노니 네가 작은 능력을 가지고서도 내 말을 지키며 내 이름을 배반하지 아니하였도다"라는 말씀을 재차 설명하는 내용이다. 빌라델비아 교회 성도들은 적은 능력을 가지고 예수님의 말씀에 순종했다. 예수님의 말씀은 인내를 필요로 하는 말씀이다. 왜냐하면 예수님의 말씀은 순종을 요구하기 때문이다. 순종에는 인내가 필연적이다. 예수님은 인내의 말씀을 '지켰은즉' 또한 그들을 '지키시겠다'라고 하신다. 이 동사의 이중적 사용은 말씀을 순종하는 빌라델비아 교회 성도들을 보호해 주시겠다는 확고한 의지를 보여 준다.

시험의 때를 면하게 하리니 이는 장차 온 세상에 임하여 땅에 거하는 자들을 시험할 때라: '이 세상'은 '온 세상'이라고 번역해야 한다. '온 세상'은 심판의 대상으로서 우주적 성격을 나타낸다. 고난의 때는 사탄에게 속한 세상에 사는 사람들을 시험하는 기간을 의미한다. 빌라델비아 교회 성도들은 온 세상에 임하는 최후 심판의 때에 하나님의 구속의 은혜로 보호받게 될 것이다. 여기서 지켜 준다는 것은 육체적인 의미가 아닌, 영적으로 그들을 보호해 주시겠다는 것을 의미한다. 그 어떠한 환난이 와도 하나님과의 관계를 끊을 수 없다.

11절 내가 속히 오리니: 여기서 '속히'는 고난당하는 신실한 하나님의 자녀들을 향한 하나님 아버지의 마음의 표현이다. 예수님의 오심은 시간에 대한 언급이 없기에 재림의 때를 가리킨다고 볼 수 있다.

네가 가진 것을 굳게 잡아 아무도 네 면류관을 빼앗지 못하게 하라: '면류관'은 승리를 의미하며, 이것을 굳게 잡아 주변의 도전에 굴복하지 말고 승리하라는 뜻이다. 그들은 비록 적은 힘을 가졌지만, 그들이 가진 것을 굳게 잡고 신실하게 예수님의 말씀에 순종하는 수고를 중단하지 말 것을 요청받고 있다.

12절 이기는 자는 내 하나님 성전에 기둥이 되게 하리니: '성전의 기둥이 되게 한다'는 것은 하나님의 임재와 통치를 누리는 하나님의 성전에 속하게 될 것을 의미한다. 당시 유대인들에 의해 회당에서 쫓겨나고 소외되어 홀대 받던 그들이 하나님의 백성으로서 그 위치를 확고하게 가지게 된다는 의미이다.

하나님의 이름과 하나님의 성 곧 하늘에서 내 하나님께로부터 내려오는 새예루살렘의 이름과 나의 새 이름을 그 이 위에 기록하리라: 여기에서 세 개의 이름이 중복해서 소개된다. 이러한 이름들은 하나님의 소유된 백성임을 표시하는 것으로, 마치 양들에게 주인의 이름을 새기는 것과 같다. '새예루살렘'의 이름을 준다는 것은 앞으로 완성될 교회 공동체에 속하게 될 것을 의미한다(참조. 21:2; 21:9-22:5). 이 이름들은 구원을 의미하는 것으로서 이기는 자에게 주어지는 상이다.

묵상 여행

이 세상에 존재하는 교회 중 가장 모범적인 교회였던 빌라델비아 교회는 적은 능력을 가진 작은 교회 공동체였을 것이다. 그러한 공동체에 고난과 핍박이 있었다. 특별히 사탄의 회로서 동족일 수 있는 유대인들의 핍박은 참으로 뼈아픈 일이다. 그러나 그들은 고난에 굴복하지 않았다. 이렇듯 빌라델비아 교회 성도들은 적은 능력을 가지고도 인내의 말씀에 순종하여 예수님의 칭찬을 듣는다. 예수님의 말씀에 순종하기 위해 필요한 것은 거창하고 화려한 능력이 아니라 바로 소박한 인내라는 사실을 보여 주고 있다. 예수님은 신실한 분이시다. 자신의 말씀에 순종하는 자들을 고아와 같이 내버려 두지 않으신다. 도리어 그들에게 열린 문을 열어 두셨다. 예수님은 그러한 자들을 끝까지 지키시겠다고 다짐하신다. 그들이 하나님의 성전에 기둥이 되도록 하겠다고 약속하시고 새예루살렘의 이름을 새겨 주겠다고 하신다. 이것이 바로 순종을 통해 감당하게 되는 고난을 두려워하지 않을 이유이다.

나의 결단 :

예수님의 말씀을 순종하는 데 큰 능력이 필요한가? 빌라델비아 교회를 볼 때 전혀 그렇지 않다는 것이 증명된다. 필요한 것은 현재의 위치에서 하나님의 신실하심을 믿는 인내의 마음이다. 그것이 시험을 이길 수 있다. 오늘 나는 인내의 말씀을 순종하기 위해 큰 능력을 구하기보다는 현재 소유하고 있는 만큼의 믿음으로 순종의 발걸음을 내딛고자 한다. 그럴 때 예수님도 나를 보호해 주실 것을 신뢰한다.

Day 7

라오디게아 교회에 보내는 말씀 :
차든지 뜨겁든지 하라

3:14-22
찬송 408 (통 466)

묵상 열기

라오디게아는 빌라델비아로부터 남동쪽으로 72킬로미터 떨어져 있으며, 로마 제국에 충성하는 도시였다. 행정 중심지의 혜택으로 섬유, 금융 등이 발달하였고 특별히 의료학교가 있어서 도시에 상당한 부를 가져다주었다. 라오디게아 교회는 이렇게 풍요로운 도시로부터 영향을 받아 교회의 정체성에 심각한 도전을 받는다. 예수님은 이러한 라오디게아 교회의 실상을 정확하게 들추어내신다.

본문 여행

14절 아멘이시요 충성되고 참된 증인: '아멘'은 이사야 65:16의 '진리(아멘)의 하나님'을 배경으로 한다. 이사야 65:17에 비추어 볼 때 하나님은 첫창조를 회복하시고 새창조를 이루시는 데 있어서 아멘이신 분이시다. 하나님께 돌려졌던 '아멘'이 이제 예수님의 이름으로 사용되므로 예수님은 새창조를 이루시는 데 있어서 아멘이시라는 뜻이다.

15절 네가 차지도 아니하고 뜨겁지도 아니하도다: 라오디게아는 부유하나 물이 부족해 '데니즐리'에서 물을 파이프로 공급받았는데, 이것이 라오디게아까지 오는 과정에서 미지근해져 먹기에 역겨울 수밖에 없었다. 바로 라오디게아 교회는 예수님 보시기에 토해내고 싶을 정도로 역겨운 상태였다(16절). 이러한 미지근한 상태는 영적 열정의 결함을 의미하며 위선적이며, 결단력이 없고 우유부단하며 타협하고 입으로만 고백하고 기계적으로 예배드리며, 열매가 없는 삶의 특징을 보여 준다.

네가 차든지 뜨겁든지 하기를 원하노라: 이 문구는 단순히 뜨거운 쪽을 택하라는 것보다는 영적 유혹의 도전 앞에 분명한 태도를 취하라는 의미를 갖는다. 예수님께서 라오디게아 교회에 원하시는 것은 예수님을 신실하게 따르는 삶일 것이다.

17절 나는 부자라 부요하여 부족한 것이 없다 하나 네 곤고한 것과 가련한 것과 가난한 것과 눈 먼 것과 벌거벗은 것을 알지 못하는도다: 이 문구는 라오디게아 교회 성도들이 왜 미지근한 상태로 간주되는지 보여 준다. 그것은 그들이 스스로 부자라고 생각하기 때문이다. 이 당시 신실한 그리스도인들이 부자가 되는 것은 거의 불가능했다. 왜냐하면 로마 제국의 황제를 숭배해야 경제적 이익을 추구할 수 있는 자격이 주어졌기 때문이다. 역으로 말하면 그들이 스스로 부자로 여기는 것은 황제 숭배를 용인했다는 것을 의미한다. 그러므로 예수님께서 보실 때 그들의 모습은 겉으로 드러난 것과 정반대이다. 그들은 영적으로 불쌍하고 비참하고 가난하고 눈멀고 벌거벗은 상태로 여겨지는 것이다.

18절 내게서 불로 연단한 금을 사서: '연단한 금'은 성경적 용어로 죄를 씻음으로 자신의 삶을 정결하게 하는 것을 은유적으로 표현한 말이다(욥 23:10; 잠 27:21; 말 3:2-3). 더 나아가 환난을 통해 하나님의 백성을 정결하게 하는 것에 대한 은유로 사용되기도 한다(슥 13:9). 이러한 의미에서 '금'을 사라고 하는 것은 자신을 정결하게 하라는 요구로 이해할 수 있다.

흰옷을 사서 입어 벌거벗은 수치를 보이지 않게 하고: 흰옷은 그리스도인의 정체성을 의미한다. 그것을 사라는 것은 그리스도인으로서의 정체성을 회복하는 것이다. '벌거벗은 부끄러움'은 우상 숭배에 동참한 이스라엘과 다른 이방 나라들에 대한 하나님의 정죄에 사용한 용어이다(사 43:3; 겔 16:36; 나 3:5). 이것은 라오디게아 교회의 우상 숭배의 죄를 밝히 드러내는 것이 목적이다. 결국 이러한 죄를 드러내고 다시는 죄를 짓지 말라고 하는 것은 우상 숭배로 말미암아 상실했던 하나님 백성의 참모습을 회복하라는 경고성 권면이라 볼 수 있다.

안약을 사서 눈에 발라 보게 하라: 이 문구는 라오디게아 교회 성도들이 영적 분별력이 결여되어 있음을 암시하고 그것으로부터 회복할 것을 촉구하는 내용이다.

20절 내가 문 밖에 서서 두드리노니 누구든지 내 음성을 듣고 문을 열면 내가 그에게로 들어가 그와 더불어 먹고, 그는 나와 더불어 먹으리라: 문 밖에서 문을 두드리고 있는 주인의 모습은 아가 5:2의 말씀에서 신부의 방을 두드리는 신랑의 모습을 연상하게 한다. 라오디게아 교회를 향한 예수님의 애정이 얼마큼인지를 보여 주는 대목이다. 그들의 모습은 토해 내고 싶은 정도지만, 주님은 여전히 애정 어린 마음으로 그들을 품고 있음을 알 수 있다. 이것은 모든 공동체를 향한 예수님의 마음이다. 예수님은 이미 라오디게아 교회에 임하여 그들의 마음 문을 두드리고 계신다. 그들과 긴밀한 교제를 나누기 원하신다.

21절 이기는 그에게는 내가 내 보좌에 함께 앉게 하여 주기를: 이 본문의 내용은 마태복음 19:28의 내용과 관련된다. 마태복음 본문에서는 '자기 영광의 보좌'라고 하였지만 요한계시록 3:21에서는 좀 더 적극적으로 '내(예수님의) 보좌'라고 표현하고 있다. 이와 같이 이기는 자가 예수님의 보좌에 앉게 된다는 약속은 2:26-28에서 두아디라 교회 공동체의 승리하는 자에게 주어지는 약속인 '만국을 다스리는 권세', '쇠막대기', '새벽 별'과 같은 의미를 갖는다.

묵상 여행:

라오디게아 교회는 황제 숭배로 인하여 신앙의 위기에 직면한 교회이다. 그들은 뜨겁지도 않고 차지도 않고 그저 미지근할 뿐이다. 하나님을 예배하는 삶을 사는 것인지 황제를 숭배하는 것인지 구분하기 어렵다. 예수님은 미지근한 물을 먹을 때 느끼는 역겨움처럼 그들을 토해내고 싶은 심정이라고 말씀하신다. 그들이 스스로 자부하고 있는 것처럼 겉으로 볼 때 화려하고 부요한 공동체일지 모르나, 예수님께서 보실 때는 헐벗고 눈멀고 굶주린 모습이다. 이렇게 기이한 교회가 실제로 존재할 수 있다는 것이 놀랍다. 예수님은 그들이 회개하고 마음의 문을 활짝 열고 예수님을 그들의 주님으로 인정하고 받아들이기를 간절히 원하고 계신다. 예수님은 그들이 마음의 문을 열기를 기다리면서 애절한 마음으로 문을 두드리고 계신다. 새창조의 아멘이신 예수님은 그들이 황제 숭배를 거부하고 하나님만을 예배하는 공동체로 회복되기를 간절히 바라고 계신다. 그것이 바로 새창조의 역사에 동참하는 길이기도 하다. 그렇게 될 때 그들은 예수님과 함께 보좌에 앉게 되는 영광을 얻는다.

나의 결단 :

말씀에 비추어 자신을 돌아보지 않고, 소유를 근거로 자신을 높게 평가하여 자만한다면 하나님 앞에서 설자리를 잃어버리고 말 것이다. 예수님은 누가 세상과 하나님을 겸하여 섬기는 자인지, 뜨겁지도 않고 차지도 않아 미지근한 상태에 머물러 있는 자인지 누구보다도 잘 아신다. 나 자신과 다른 사람은 속일 수 있을지 모르지만 예수님은 속일 수 없다. 나는 세상도 섬기고 예수님도 섬기려는 무한도전을 시도하고 있지는 않은가? 이러한 무한도전을 일찍이 포기하고 우리 자신의 초라한 모습을 직시하는 것이 필요하다. 오늘 나의 진정한 주인이 누구인지 분명히 해야 한다. 그러나 여전히 세상과 하나님 사이에서 고민하며 왔다 갔다 하는 것이 나의 모습이다. 주님은 이러한 연약한 나를 여전히 애정 어린 눈으로 바라보시며 나의 마음의 문을 두드리고 회개와 회복을 촉구하신다. 내가 마음의 문을 열고 예수님을 나의 인생의 주인으로 받아들인다면 언제든 예수님과 함께 더불어 먹는 풍성한 삶을 회복할 수 있을 것을 믿는다. 그 날이 바로 오늘이다.

하늘에 있는 하나님의 보좌

4:1-11
찬송 411 (통 473)

묵상 열기

4장은 5장과 함께 하늘 성전의 환상을 보여 주는 내용으로, 이 두 장은 서로 하나의 짝을 이룬다. 4장은 창조주 하나님께 초점이 맞추어져 있고, 5장은 구속주 어린 양 예수님께 그 초점이 맞추어져 있다. 4장에서 온 우주를 통치하시는 하늘에 계신 하나님을 만나게 된다.

본문 여행

1절 이 일 후에: 이 문구는 '이후에'라고 번역하는 것이 적절하다. 시간적 순서가 아닌 환상의 논리적 순서를 표시하는 것으로, 1-3장에서 주어진 환상과의 관계에서 좀 더 발전된 내용을 제공하려는 목적으로 사용된다.

2절 내가 곧 성령에 감동되었더니: 이 문구의 정확한 번역은 '성령 안에서'라고 할 수 있다. 요한의 하늘에 대한 환상적 체험이 성령을 통하여 성령의 통제 아래 주어졌다는 것이다. 즉, 단지 하늘에 대한 환상적 체험의 차원이 아니라 하나님의 구속 계시를 독자들에게 드러내기 위한 목적이 있음을 의미한다. 그래서 체험 자체에 가치를 두기보다는 그것을 통해 드러내고자 하는 하나님의 구속 계시에 초점을 두어야 한다.

보라 하늘에 보좌를 베풀었고 그 보좌 위에 앉으신 이가 있는데: 하늘 성전에서 가장 중요한 것은 다름 아닌 '보좌'라고 할 수 있다. 하늘에서 첫 번째로 보여지는 것이 바로 보좌이다. 보좌는 하나님의 통치를 의미한다. 하늘은 바로 하나님의 통치가 발현되는 곳이다. 동시에 보좌에 앉으신 이가 소개된다. 하나님이시다. 하나님은 하늘에서 온 우주를 통치하시는 분이라는 것을 보여 준다.

3절 벽옥과 홍보석 같고: 하나님의 장엄함과 영광과 아름다운 속성에 대한 표현이다.

4절 이십사 장로: '24'라는 숫자는 두 개의 12로 구성된 약속으로서, 구약의 열두 지파로 대표되는 구약의 백성과 그 성취로서 신약의 열두 사도로 대표되는 신약 백성을 상징한다. 이들은 '흰옷'을 입고 있는데, 요한계시록에서 이것은 하나님의 신실한 백성들에게 주어지는 복장이다(2:10; 3:4-5; 19:8-9). 이들이 앉은 보좌는 하나님의 보좌와 동일하다(계 3:21).

5절 번개와 음성과 우렛소리: 이 현상은 출애굽기 19:16의 시내산에서 하나님이 나타나시는 경우와 동일하다. 특별히 시편 18:7-14에서는 이러한 현상을 하나님의 심판과 관련시키고 있다. 이러한 현상이 하늘 성전에서 일어나는 것으로 묘사하는 것은, 하나님의 나타나심이 심판을 위해 오시는 종말적 현상이며, 하늘이 바로 이러한 하나님의 뜻이 결정되는 곳임을 의미한다.

보좌 앞에 켠 등불 일곱이 있으니 이는 하나님의 일곱 영이라: 일곱 영은 성령을 의미하며 1:4에서 언급된 바 있다. 일곱 개의 등불은 성전 건축에 대한 하나님의 의지를 보여 주는 스가랴 4:2을 배경으로 한다. 스가랴 4장에서 열악한 환경 속에서 이스라엘 백성이 하나님의 신을 힘입어 성전을 건축한 것처럼, 하나님은 요한계시록의 독자들도 성령을 힘입어 핍박과 고난의 열악한 삶 속에서 승리할 수 있도록 도우신다.

6절 네 생물: 에스겔 1장을 배경으로 한다. 여기에서 네 생물의 네 가지 종류의 얼굴들은 공통적으로 각 분야에서 가장 탁월한 피조물을 나타낸다. 사자는 맹수 중에 가장 강하고(민 23:24; 24:9), 독수리는 날짐승 중에 가장 위협적이다(신 28:49; 삼하 1:23). 또한 소는 가축 중에 가장 소중하게 사용되는 짐승이며(잠 14:4; 욥 21:10), 사람은 만물의 영장이다(창 1:28; 시 8:7). '4'라는 숫자도 우주적 의미를 갖고 있으므로 네 생물은 모든 피조물을 대표하는 상징적 이미지이며, 이는 피조물의 근원이 하늘에 있음을 의미한다.

8절 거룩하다 거룩하다 거룩하다 주 하나님 곧 전능하신 이: 이러한 찬양의 형식은 이사야 6장에서 스랍들이 드리는 예배의 정황에서 제시된 바 있다. 네 생물은 쉬지 않고 찬양한다. 이러한 모습은 하나님께서 얼마나 찬양 받으시기에 합당한 분이신가를 강조한다.

전에도 계셨고 이제도 계시고 장차 오실 이: 이 문구에서 마지막 부분이 '장차 오실 분'이라는 것에 주목할 필요가 있다. 우주를 통치하시는 하나님은 단순히 영원히 존재하시는 분이 아니라, 미래에 역동적으로 이 세상 속으로 자신의 계획을 완성하시기 위해 오시는 분이라는 것을 보여 준다.

10절 보좌에 앉으신 이 앞에 엎드려…경배하고: 이십사 장로들의 찬양은 영원히 살아계신 보좌에 앉으신 분께 드려진다. 그리고 그 찬양은 엎드려 경배하고 마침내 자기의 금관을 내려놓는 모습으로 묘사된다. 엎드리고 경배하는 모습은 하나님에 대한 예배의 모습이다.

자기의 관을 보좌 앞에 드리며: 정확한 번역은 '자기 관을 던지며'라고 해야 한다. 면류관을 던지는 행위는 정복당한 왕이 정복한 왕에게 주권을 이양하는 의식이라고 할 수 있다. 즉, 하나님과의 관계에서 극도의 주종 관계를 인정하는 것이다. 그러므로 이러한 모습을 통해 하나님께 모든 만물에 대한 통치권을 드림을 보여 준다.

11절 주께서 만물을 지으신지라. 만물이 주의 뜻대로 있었고 또 지으심을 받았나이다 하더라: 주께서 만물을 지으심은 하나님의 뜻대로 된 것이며 그것은 하나님의 뜻에 따라 존재한다. 하나님은 단순히 창조만 하시고 뒷짐 지고 계신 것이 아니라 모든 역사의 진행을 주관하신다. 모든 역사의 사건들은 궁극적으로 하나님의 창조의 목적을 이루어 가기 위한 것들이다.

묵상 여행

성경에서 하늘은 단순히 해와 달과 별이 있는 곳이 아니다. 하나님의 보좌가 있는, 하나님의 통치가 이루어지는 곳이다. 모든 일들은 하늘의 창조주 하나님의 뜻대로 이루어지고 존재한다. 보좌에 앉아 계신 하나님의 통치는 이 세상 보좌에 앉아 있는 로마 제국의 통치와 비교할 수 없을 만큼 뛰어나다. 그리고 이 땅의 성도들은 여러 유혹과 고난 가운데 있지만, 이십사 장로가 의미하는 것처럼 하늘에 속하여 하늘에 거하는 거룩한 하나님의 백성이다. 교회 공동체는 이 지상에 살면서 동시에 하늘에 거하는 자들이다. 하늘에서 성도들은 하나님과 동일한 보좌들에 앉아 하나님의 통치에 동참한다. 또한 하나님은 하늘을 통해 보여 주신 구속계획을 반드시 이루실 것이다. 하나님의 뜻과 계획은 하늘에서 이루어진 것처럼 이 땅에서 교회 공동체를 통해 이루어질 것이다. 우리는 이러한 하나님의 뜻이 날마다 우리의 삶을 통해 이루어지도록 간구해야 한다. 결국 하늘과 땅의 구별이 없었던 에덴의 회복이 이루어질 것이다. 하늘로 통하는 문이 열렸기에 우리는 이 땅에서도 천상을 맛볼 수 있다.

나의 결단 :

때로는 간절히 원하는 것들이 지체되고 전혀 다른 방향으로 흘러갈 수 있다. 그러나 먼저 생각해야 할 것은 나의 생각과 계획이 아닌 하나님의 뜻이다. 나는 하나님이 지으신 존재이므로 영광과 존귀와 능력을 받기에 합당하신 하나님께 날마다 찬양을 드리기를 원한다. 어떤 상황에서도 나의 삶을 하나님의 목적대로 이끌어 가실 것을 확신하고 기대하며, 하나님 앞에 엎드릴 수 있는 종의 자세를 가지고 싶다.

Day 9

누가 이 봉인을 떼고 두루마리를 펼 수 있겠는가?

5:1-14
찬송 315 (통 512)

묵상 열기

오늘 본문의 쟁점은 '누가 두루마리의 인봉을 떼고 열 것인가?'이다. 왜 이 주제가 이처럼 중요한가? 그것은 다니엘서를 배경으로 하나님 나라의 종말적 도래의 의미를 담고 있기 때문이다. 이 질문에 대한 답은 바로 유다 지파의 사자요 다윗의 뿌리로서 오셔서 십자가에 못 박혀 죽으신 예수 그리스도이다. 이러한 예수님의 사역은 또한 성도들의 기도에 대한 응답이기도 하다. 오늘 본문은 우리에게 이러한 비밀스러운 진리를 가르쳐 주고 있다.

본문 여행

1절 보좌에 앉으신 이의 오른손에 두루마리 하나가 있으니…일곱 인으로 봉하였더라: 보좌에 앉으신 분은 4장에서 등장하는 하나님이시다. 오른손은 보좌와 함께 하나님의 통치에 대한 이미지를 보여 준다. 일곱 인으로 봉한 두루마리는 다니엘 8:17, 19, 26과 12:4, 9을 배경으로 하나님 나라의 종말적 도래를 전망하는 이미지로 사용된다.

2절 누가 그 두루마리를 펴며 그 인을 떼기에 합당하냐: 이 질문은 두루마리의 봉인을 떼야 할 때가 왔다는 것을 의미한다. 다니엘 8:17, 19, 26과 12:4, 9을 배경으로 볼 때 봉인이 떼어져야 하는 것은 종말의 때이다. 곧 다니엘서가 기대했던 종말의 때가 도래했다는 것을 의미한다. 그런데 문제는 누가 그것을 떼고 두루마리를 펼 것인가? 이에 대한 답은 다음 5-6절에서 주어진다.

5절 유다 지파의 사자 다윗의 뿌리가 이겼으니 그 두루마리와 그 일곱 인을 떼시리라 하더라: 여기에서 '유다 지파의 사자'란 표현은 창세기 49:9과 이사야 11:1, 10을 배경으로 메시아를 가리킨다. 다윗의 뿌리 역시 메시아적 표현이라고 할 수 있다. 유다 지파의 사자요, 다윗의 뿌리이신 예수님은 이러한 메시아에 대한 기대의 성취로 오셨다. 예수님은 메시아의 사역을 통해 종말적 성취로 승리하셨으므로 책과 책의 인을 떼기에 합당한 분이시다.

6절 한 어린 양이 서 있는데 일찍이 죽임을 당한 것 같더라: 요한은 환상을 보고 있는 시점에서 이미 죽임을 당한 어린 양을 보고 있다. 이것은 예수님이 십자가에서 죽임을 당한 사건을 가리킨다. 유다 지파의 사자로서 이기신 모습을 묘사한 후에 등장하는 어린 양의 이미지는, 왕적 메시아로 오신 예수님의 승리가 어린 양으로서 십자가에 못 박혀 죽으심을 통해 쟁취되었음을 보여 주고 있다.

8절 거문고와 향이 가득한 금 대접: 거문고는 9절에 '새 노래'와 관련되고, '향이 가득한 금 대접'은 성도들의 기도로 하나님의 교회 공동체와 관련된다. 이 문맥에서 기도는 어린 양을 통해 하나님의 구속 사역의 성취를 이루어낸 원동력이다. 이것은 출애굽기 2:23-24에서 이스라엘 백성들의 부르짖음에 대한 응답으로 출애굽의 구속 사역을 시행하신 경우와 유사하다. 요한계시록의 본문에서 하나님 나라의 종말적 도래의 성취는 바로 성도들의 기도에 대한 응답으로 이루어진 것이라고 할 수 있다.

9절 새 노래를 불러 이르되: 새 노래는 어린 양을 통한 구원에 대한 반응으로 드리는 예배의 노래이다. 이것은 구약의 '모세의 노래'와 대비된다. 이것은 14:1-5에서 구속함을 받은 144,000이 부르는 새 노래와 15:2-4에서 '모세의 노래'와 '어린 양의 노래'가 서로 대비되어 나타나고 있다는 점에서 그 힌트를 얻을 수 있다. 구약의 시편 33:3; 40:3; 96:1; 98:1; 144:9; 149:1 등에서 이러한 '새 노래'라는 명칭이 사용된다.

일찍이 죽임을 당하사 각 족속과 방언과 백성과 나라 가운데에서 사람들을 피로 사서 하나님께 드리시고: 이 본문은 어린 양 예수님의 죽음이 가져온 결과가 무엇인지를 보완적으로 설명한다. 곧 어린 양 예수님의 십자가의 죽음으로 말미암아 흘리신 피로 모든 족속과 방언과 백성과 나라로부터 사람들을 사셨다는 것이다. 여기에서 '모든 족속과 방언과 백성과 나라'는 요한계시록에서 모두 일곱 번(5:9; 7:9; 10:11; 11:9; 13:7; 14:6; 17:15) 사용되는데 이 문구는 모든 사람들을 가리키는 우주적 의미를 가진다.

10절 그들로 우리 하나님 앞에서 나라와 제사장들을 삼으셨으니 그들이 땅에서 왕 노릇 하리로다: 나라와 제사장은 출애굽기 19:6을 배경으로 요한계시록 1:5-6에도 동일하게 사용된다. 교회 공동체가 '나라와 제사장'이 되었다는 것은 이스라엘 백성들이 제사장 나라와 거룩한 백성으로 하나님의 통치를 받아 만국에 하나님의 영광을 드러내도록 부르심을 받은 것과 동일하다. '다스린다'는 것은 그리스도의 통치에 참여하는 것으로 모든 삶의 영역에서 하나님의 주권을 드러내는 삶을 사는 것이다. 이러한 통치의 삶이 가능하게 된 것은 바로 예수님의 십자가의 죽음으로 이 세상에 하나님의 나라가 도래했기 때문이다.

12절 죽임을 당하신 어린 양은 능력과 부와 지혜와 힘과 존귀와 영광과 찬송을 받기에 합당하도다: 이러한 찬양의 목록들은 4장에서 하나님께 드려진 찬양의 목록들에 비하여 매우 다양하고 화려하다. 4:9에서 '영광과 존귀와 감사' 그리고 4:11에서는 '영광과 존귀와 능력'의 목록에 '부와 지혜와 힘과 존귀…찬송' 등이 덧붙여진다. 이 종말의 시대에 하나님의 나라가 임하는 것을 가능케 하신 예수님의 십자가의 사역은 찬양을 받기에 합당하시다.

13절 하늘 위에와 땅 위에와 땅 아래와 바다 위에와 또 그 가운데 모든 피조물: 모든 피조물이 찬양을 드린다. 이들이 하나님과 어린 양 예수님을 찬양하는 것은 천상적 관점에서 하나님의 창조의 회복과 구속의 계획을 이루시는 어린 양 예수님의 죽으심에 대한 우주적 반응을 보여 주고 있다.

묵상 여행

예수님은 책의 인을 떼시는 분으로서 십자가의 죽음을 통해, 다니엘이 마지막 날에 이루어지게 될 것이라고 기대했던 하나님 나라를 이 땅에 도래하게 하셨다. 이러한 구속 역사의 성취가 성도들의 기도의 응답으로 이루어졌다는 것은 놀라운 일이 아닐 수 없다. 하나님은 당신의 백성의 기도와 함께 동역하신다. 그러므로 성도들의 기도는 철저하게 하나님의 뜻을 구하는 기도여야 한다. 하나님의 나라가 도래한 이 세상에서 하나님의 백성은 왕 같은 제사장으로 살아가도록 부르심을 받았다. 왕 같은 제사장으로서 성도들은 하나님의 왕권을 이 세상에 반영한다. 이것이 하나님의 창조 목적이고 인간을 하나님의 형상대로 지으신 이유이며 교회 공동체가 이 세상에 존재하는 근거가 된다. 따라서 어린 양께 이 세상에서 할 수 있는 최고의 아름다운 언어로 찬양의 예배를 드린다. 이러한 예배는 하나님의 왕권을 이 세상의 실제적인 삶 가운데 드러내는 순종의 삶을 통해 그 진가가 드러난다. 그리고 성도들의 그러한 예배의 삶은 하늘 위에와 땅 위에와 땅 아래와 바다 위에와 또 그 가운데 모든 피조물이 찬양에 동참하는 반향을 일으킬 것이다.

나의 결단

예수님의 십자가의 피 값으로 획득한 왕 같은 제사장의 신분을 이 죄로 관영한 세상에서 어떻게 누릴 수 있을까? 소극적으로는 십자가의 능력으로 파하신 죄의 권세 앞에 굴복하지 않고 진리 위에 서서 죄를 대적하고 죄가 부추기는 탐욕의 거센 물결에 떠내려가지 않도록 하는 것이다. 적극적으로는 하나님의 나라가 이미 도래해 하나님의 통치가 온 우주에 편만하게 임해 있다는 복음의 메시지를 세상을 향하여 선포하는 것이다. 나는 오늘 그렇게 살기로 결단한다.

피조물을 향한 네 개의 인 심판

6:1-8
찬송 391 (통 446)

묵상 열기

오늘 본문은 누가 책의 인을 뗄 것인가를 제시한 5장을 배경으로 한다. 5장에서는 죽임을 당하신 어린 양이 책의 인을 떼기에 합당하신 분으로 소개되고, 6장에서는 그 어린 양이 책의 인을 떼시는 장면을 소개한다. 곧 6장의 일곱 인 심판은 어린 양의 십자가의 죽음으로 말미암아 도래한 종말의 정황을 심판의 주제를 통해 설명하고 있는 것이다. 그러므로 6장은 5장과 연결해서 읽어야 한다. 인 심판 시리즈는 예수님의 십자가 사건을 포함하는 초림부터 재림까지의 기간을 종말로 규정하고 심판의 시대로 특징짓고 있다. 이 종말의 시대에 이 세상을 어떻게 바라볼 것인가? 오늘 본문은 우리에게 이 문제를 제기하고 있다.

본문 여행

1절 어린 양이 일곱 인 중에 하나를 떼시는데: 5장에서 어린 양이 책의 일곱 인을 떼기에 합당한 분으로 소개되었으므로 이 장면은 5장의 연속이라고 보는 것이 당연하다. 이러한 관계에 의해 5장과 6장은 서로 밀접하게 연결하여 읽어야 함을 알 수 있다.

네 생물, 네 마리의 말: 1-8절의 네 개의 인 심판은 하나의 묶음으로 보아야 한다. 왜냐하면 네 생물이 각각 네 개의 인 심판을 도입하고 있기 때문이고, 또한 네 마리의 말, 곧 흰 말, 붉은 말, 검은 말, 청황색 말이 등장하기 때문이다. 이 네 마리 말의 등장은 스가랴 1:8-15과 6:1-8을 배경으로 한다. 여기에서 네 마리 말은, 이 세상에서 억압받는 하나님의 백성이 구원받고, 그들을 억압하는 세력이 심판받는다는 소식을 알리는 전령의 역할을 감당한다.

2절 흰 말이 있는데 그 탄 자가 활을 가졌고 면류관을 받고 나아가서 이기고 또 이기려고 하더라: 흰 말 탄 자에게 면류관이 주어지고 계속해서 승리하는 모습을 보여 준다. 말을 타고 활을 사용하는 것은 고도의 훈련을 받아야 가능한데, 그러한 모습은 당시에 말을 타면서 활을 사용했던 파르티아 제국 병사들의 모습을 반영한다. 특별히 흰 말을 포함한 네 마리 말들은 스가랴 1장과 6장의 네 마리 말들을 배경으로 하며, 하나님의 심판을 알리는 전령의 역할을 하고 있다.

4절 붉은 말, 그 탄 자: 붉은색은 '피 흘림'을 상징한다. 피 흘림은 전쟁 때문에 일어나는데 이러한 전쟁은 누군가로부터 허락을 받아 자행된다. 그 누군가는 바로 하나님이시다. 이것은 이 심판이 하나님의 주권 아래서 일어남을 보여 준다.

그 탄 자가 허락을 받아 땅에서 화평을 제하여 버리며 서로 죽이게 하고 또 큰 칼을 받았더라: 이것은 전쟁의 상황을 묘사한 것으로, 서로를 죽인다는 것은 인간에 내재된 악으로 말미암아 벌어지는 전쟁의 본질을 표현한 것이다. 그래서 평화를 없애는 도구로 큰 칼을 언급한다. 결국 두 번째 인 심판의 내용은 전쟁을 통한 화평의 제거이며, 이것은 이 우주 피조물을 비롯한 모든 생물체에게 고통을 주지 않을 수 없다.

5절 검은 말이 나오는데 그 탄 자가 손에 저울을 가졌더라: 세 번째 인을 떼었을 때 셋째 생물의 '오라'는 소리에 맞추어 '검은 말'이 나온다. 검은 말과 함께 그 탄 자는 손에 '저울'을 가지고 있다. 이 저울은 6절에 있는 '밀 한 되'나 '보리 석 되'를 측량하기 위한 도구로 간주된다.

6절 한 데나리온에 밀 한 되요 한 데나리온에 보리 석 되로다: 밀 한 되는 한 사람의 하루 식량 분량이며, 보리 석 되는 한 가족의 하루 치 식량이다. 이 두 곡물의 가격은 당시 로마 제국 평균 물가의 여덟 배에서 열여섯 배가 된다. 이러한 상황은 바로 기근으로 인한 물가, 특히 곡물류 가격의 급격한 상승을 보여 준다. 검은색 또한 기근을 연상시킨다고 볼 수 있다. 그러므로 이 구절은 심판이 기근을 통해 일어남을 보여 준다.

또 감람유와 포도주는 해치지 말라 하더라: 감람유와 포도주는 부가가치가 매우 높은 작물이다. 기근 가운데 경작할 땅이 부족하므로 이 땅을 농지로 변경하려는 시도가 있을 수 있다. 그러나 이 땅은 부자들이 소유하고 있었고 통치자는 이 부자들의 이익을 위해 땅을 해치지 말라는 칙령을 내린다. 이것은 기근을 더욱 악화시키는 결과를 가져오게 된다. 이러한 정황은 심판의 심각성을 설명하기 위해 사용된다.

8절 그 탄 자의 이름은 사망: 청황색 말을 탄 자의 이름은 '사망'이었고 '음부'가 그 뒤를 따른다. 여기서 '사망'은 죽음의 심판을 의미하며, 이 청황색 말을 탄 자는, 어린 양이 책의 인을 뗀 후 인간에게 죽음의 심판을 행하는 하나님의 대행자이다.

그들이 땅 사분의 일의 권세를 얻어: '사분의 일'이라는 표현은 이 일이 매우 제한된 영역에서 이루어짐을 암시한다. 즉, 우주적이면서도 모든 피조물을 대상으로 한 것이 아님을 알 수 있다. 4:3에서 보좌에 둘려 있던 '무지개'를 통한 암시와 관련하여, 우주를 보존하시려는 하나님의 약속이 유효함을 볼 수 있다. 심판 중에도 하나님의 은혜가 존재함을 보여 준다. 또한 이 심판은 전쟁과 기근과 질병과 짐승으로 이루어지는데, 이것은 레위기 26:18-28에서 하나님의 말씀에 불순종할 때 '기근과 들짐승과 칼과 기근'이 임하는 사중적 언약의 저주와 연결된다. 곧 구약의 언약의 저주를 세상을 향한 심판에 적용하고 있는 것이다.

검과 흉년과 사망과 땅의 짐승들로써 죽이더라: 이러한 정황은 앞의 세 가지 심판(전쟁과 기근)을 요약 정리하는 내용이다. 특별히 '땅의 짐승들로써 죽이더라'는 전쟁 후에 집이 무너진 상태에서 들의 짐승들에게 죽임을 당하는 경우를 의미한다.

묵상 여행

인 심판의 메시지는 역사적으로 일어날 사건들을 일일이 시간적 순서를 따라 기록한 것이 아니다. 오히려 예수님의 구속사건으로 말미암아 초래된 종말적 상황을, 심판이라는 정황을 통해 증거하기 위해 기록한 것이다. 지금 우리가 사는 이 시대는 종말이며 심판의 시대이다. 이러한 심판의 시대의 정황을 저자는 구약의 사상을 빌려 전쟁과 기근이라는 방법으로 설명하고 있다. 이것은 구약시대에 하나님께서 이스라엘 백성을 심판하실 때 사용하셨던 전형적인 수단이다. 오늘 본문은 인 심판의 처음 네 개에 해당하는 것으로서, 어린 양이 책의 인을 떼실 때마다 네 생물과 네 마리 말에 의해 심판이 시행되는 형식을 취한다. 먼저 '넷'이라는 숫자는 우주적 의미를 가지며, 여기에 모든 피조물을 대표하는 4장의 네 생물과 스가랴 1장과 6장에서 심판의 전령으로서 역할을 하는 네 마리 말이 정확하게 짝을 이루고 있다. 이러한 구성은 심판의 우주적 성격을 표현하는 데 매우 적절하다. 정리하면, 이 시대가 종말의 시대이며 그 특징으로서 심판의 정황이 펼쳐지고 그 심판은 우주적 성격을 갖는다. 결국 저자는 독자들로 하여금 이 시대가 어떤 성격을 갖는가를 깊이 생각하게 해 준다.

나의 결단:

세상은 희희낙락하며 쾌락 가운데 타락의 길을 아무 감각 없이 걸어가고 있다. 그러나 그러한 이 세상이 이미 심판 아래 있다고 성경은 선포한다. 나는 이 세상을 어떤 관점에서 바라볼 것인가? 보이는 모습 그대로 생각할 것인가? 아니면 보이지 않지만 성경의 진단을 받아들일 것인가? 소돔과 고모라는 매우 화려한 도시였지만 하나님의 심판을 받았다. 화려함에 속지 말자. 그 이면에는 시체의 썩는 냄새가 난다. 중요한 것은 실상을 파악하고 그곳으로부터 나오는 것이다. 나는 심판 아래 있는 세상에 함몰되어 세상이 흘러가는 대로 휩쓸려 살지 않을 것이다.

다섯 번째 인 심판 :
우리의 억울함을 갚아 주시는 심판

6:9-11
찬송 96 (통 94)

묵상 열기

우리는 억울한 일을 당할 때 그 억울한 일이 온전하게 해결되고 회복될 것이라고 믿지 않는다. 이 세상은 그런 일과 상관없이 바쁘게 돌아가기 때문이다. 그러나 하나님은 그분의 자녀들이 억울한 일을 당한 것을 잊지 않으신다. 9-11절은 다섯 번째 인 심판으로서, 하나님의 백성들의 억울한 죽음을 갚아 주시기 위해 원수들을 심판하시겠다는 약속을 소개한다. 이 세상에서 그리스도의 이름으로 억울한 일을 당한 적이 있는가? 오늘 본문은 분명하게 위로가 될 것이다.

본문 여행

9절 다섯째 인을 떼실 때에: 앞의 네 개의 인 심판 후에 다섯 번째 인 심판이 소개된다. 네 개의 심판과 달리 다섯 번째 인 심판은 전혀 다른 내용이다.

영혼들이 제단 아래에 있어: 이것은 어린 양이 죽임을 당해 제물로 하늘의 번제단에 드려진 것처럼, 이제 죽임을 당한 영혼들도 제물로서 하늘 성전의 번제단 아래 있는 모습을 보여 준다. 이러한 평행적 관계는 번제단 아래 영혼들이 바로 하늘 성전에서 드려진 희생 제사의 제물이라는 것을 보여 준다. 그런데 여기에서 제단 아래 있다는 것은, 사람이 죽으면 땅에 묻히는 것을 제단 아래 묻히는 것처럼 인식했던 유대인들의 생각을 반영해 주고 있다. 순교자들이 진정으로 하나님께 드려진 제물이라면 그들의 순교가 바로 하나님께서 받으시기에 합당한 제사로 이해되고 있는 것이다. 그들은 자신의 몸을 산제사로 드린 것이다.

하나님의 말씀과 그들이 가진 증거로 말미암아 죽임을 당한: 여기에서 하나님의 말씀을 증언하는 것은 고난과 죽음까지도 초래한다는 것을 알 수 있다. 여기에서 증언은 말을 통한 것일 수도 있지만, 요한계시록 독자들의 정황에서 보면 로마 제국의 황제 숭배를 거부하고 하나님을 예배하여 신실한 믿음을 지킨 자들을 가리킨다고도 할 수 있다. 이들은 1:5에 '신실한 증인'이신 예수님을 생각나게 한다. 예수님은 하나님의 보냄을 받은 신실한 증인으로서 죽임을 당하셨다. 이 본문의 순교한 영혼들은 바로 예수님의 발자취를 따라간 자들이다. 6:1-8이 하나님을 배반한 세상을 향한 심판이라면, 9-11절은 하나님의 말씀을 증언하다 죽임을 당한 자들의 절규를 세상에 대한 심판의 근거로 삼는다.

10절 큰 소리로 불러 이르되: 순교한 영혼들은 그들의 억울한 죽음을 하나님께 큰 소리로 절규하고 있다. 이것은 그들의 죽음이 얼마나 고통스러웠는가를 암시해 준다. 하나님은 그들의 절규를 외면하지 않으시고 자비롭게 응답하신다.

거룩하고 참되신 대주재여: 여기에서 주님은 '대주재여'라고 하여 단순히 주인으로서 하나님을 일컫는 것이 아니라 믿지 않는 자들까지 포함하는 온 세상을 주관하시는 주권자로서 하나님을 일컫고 있다. 억울하게 죽임을 당한 자로서 하나님을 이렇게 부르는 것은, 그들의 억울한 죽음을 초래했던 세상 세력에 대한 심판을 호소하는 맥락에서 적절하다고 할 수 있다.

땅에 거하는 자들을 심판하여 우리 피를 갚아 주지 아니하시기를 어느 때까지 하시려 하나이까 하니: 이 본문은 '땅에 거하는 자들에 의해 흘린 우리들의 피를 어느 때까지 심판하여 벌하지 않으시겠습니까?' 라고 쉽게 풀어서 번역할 수 있다. 여기에서 '땅에 거하는 자들'은 이 순교자들을 죽인 자들이다. 저들은 그들이 피를 흘리게 한 자들이다. 요한계시록에서 땅에 거하는 자들은 사탄에게 속한 자들이고 로마 제국의 황제 숭배를 적극적으로 수용하는 자들이다. 순교자들은 황제 숭배를 거부했기 때문에 그들에 의해 죽임을 당하게 된 것이다. 이런 자들을 심판해달라고 요청하는 것은 일종의 보응의 성격을 가진다. '어느 때까지 심판하여 주지 않으시겠느냐'는 질문은 순교자들의 기도가 최후 심판을 향하고 있음을 보여 준다. 앞에서 언급된 네 개의 심판은, 다섯 번째에서 소개되는 순교자들의 기도에 의해, 기도를 완성시키는 완결판으로서의 최후의 심판을 향하고 있다는 것을 짐작할 수 있다. 이것이 바로 처음 네 개의 인 심판이 하나의 단위로 주어진 시점에서, 최후의 심판을 요청하는 순교자들의 기도를 기록하는 이유라고 볼 수 있다.

11절 흰 두루마기: 흰옷은 3:4-5에서 이 땅에서 자신을 더럽히지 않고 살아가는 자와 동시에 이기는 자들에게 종말적으로 주어지는 것이다. 그것은 사람들 앞에서 예수님을 시인하여 순결하고 거룩한 삶을 살았음을 인정받은 것이요, 예수님처럼 높은 위치에 있음을 인정받은 것이다.

잠시 동안 쉬라: 그들의 쉼은 잠시 동안이다. 영원한 안식은 아직 시작되지 않았다. 그러나 이 세상에서의 고난은 더 이상 그들을 괴롭히지 않을 것이다. 여기에서 그들의 고난에 대한 보상이 있으면서 더 온전한 안식에 대한 소망을 이야기한다. 여기에서 '잠시'라는 시점은 그들의 피를 흘리게 했던 자들의 심판이 아직 이르지 않았지만 신속하게 이루어질 것임을 의미하고 있다.

그들의 동무 종들과 형제들도 자기처럼 죽임을 당하여 그 수가 차기까지: 표면적으로 보면 이 말씀은 그리스도를 위해 순교할 형제들이 더 남아 있음을 의미하는 것처럼 보인다. 그러나 순교할 형제들이 정해져 있어서 그 정확한 숫자를 채워야 한다는 것을 의미하지는 않는다. 그것은 그들의 기도에 대한 응답이 지금 당장 이루어지는 것이 아니라 지연되어야 하고, 우주적인 하나님의 나라를 세우시려는 하나님의 목적에 있어서 순교자들의 증거가 결정적 역할을 하며, 성도들의 고난은 필연적이라는 것을 의미한다. 곧 하나님의 뜻이 이루어지기 위해서는 성도들의 고난이 필연적이라는 것이다.

묵상 여행

형장의 이슬로 사라져 간 순교자들이 있다. 아무도 그들을 돌아보지 않는다. 그들이 죽임을 당하더라도 무정한 이 세상은 아무 일 없었다는 듯이 그렇게 돌아간다. 하지만 그들은 하나님을 역사를 주관하시는 대주재로 여기며 자신들의 피를 갚아 주시기를 기도한다. 하나님은 그들의 억울함을 탄원하는 신음의 기도를 들으신다. 본문은 독자의 눈을 열어, 이 역사를 종말로 이끌어 가는 공평과 정의의 하나님의 손을 보여 준다. 이러한 하나님의 손을 움직이는 것이 바로 순교자들의 기도이다. 이들은 세상에서 패배하고 죽임을 당한 것 같지만 구속역사의 전개에서 아주 중요한 역할을 한다. 그들의 부르짖음은 하나님의 심판과 구속역사를 이루어 가는 동력이 되고 있다. 그들은 공평과 정의의 하나님을 향해 신원의 기도를 올리고, 하나님은 이들의 음성을 들으시고 하나님의 때까지 하나님의 구속 역사를 이루시기 위해 일하고 계신다. 이러한 순교자들의 기도의 응답으로 마침내 극렬한 심판의 불이 믿지 않는 자들에게 임할 것이며, 악에 대한 철저한 보응이 있을 것이다.

나의 결단

나는 다시 한 번 하나님의 공의가 실패하지 않음을 믿는다. 때로 악의 세력이 이 세상에서 승리하는 것처럼 보일 때가 있다. 이 세상 역사에서 아무리 악이 흥왕하더라도 하나님의 정하신 때에 모든 불의가 드러나서 공의롭게 심판 받을 것임을 믿는다. 즉각적으로 실행하지 않으신다면 그것은 단지 하나님의 정하신 때가 아닐 뿐이다. 그래서 이 세상에 대해 포기하지 않을 것이다. 순교자들의 꺼져 가는 음성에 귀 기울이시고 그들의 기도에 응답하시는 하나님의 자비로우심을 더욱 마음에 새기고, 하나님께서 이 세상에 성행하는 모든 악을 벌하시며 약한 자들의 억울함을 신원하시도록 기도드리고 싶다.

여섯 번째 인 심판 :
누가 진노의 날에 능히 서겠는가?

6:12-17
찬송 76

묵상 열기

오늘 본문은 여섯 번째 인 심판을 소개하고 있다. 이 시대는 예수님의 십자가 사건으로 시작된 종말의 시대이다. 이러한 시대의 특징을 표현하는 방식으로 구약에서 종말을 기대하면서 사용된 문구들을 사용한다. 그러므로 이 문구들을 문자적으로 이해하여 현대적으로 적용하려는 것은 커다란 오해를 불러일으킨다. 이것은 요한이 종말의 시대를 알리기 위해 사용한 표현 방식으로 이해해야 할 것이다. 이 본문에서 중요한 관찰 포인트 중의 하나는 '하나님의 심판에 대해 사람이 어떠한 반응을 보이는가?'이다.

본문 여행

12절 큰 지진: 큰 지진은 시내산에서의 하나님의 나타나심에서 시작하여, 심판을 위해 하나님이 오시는 것에 대한 전조현상으로 자주 표현된다(삿 5:4-5; 욜 2:10). 결국 이 현상은 여호와의 날의 필수적인 부분이 되었다(욜 2:1-2; 미 1:3-4; 나 1:3-6; 슥 14:4-5). 요한계시록은 종말적 심판의 현실을 설명하기 위해 이러한 구약의 문구들을 빌려서 사용하고 있다.

해가 검은 털로 짠 상복같이 검어지고 달은 온통 피같이 되며: 이 표현은 요엘 2:31의 "해가 어두워지고 달이 핏빛 같이 변하려니와"를 배경으로 사용하고 있다. 이것은 일어날 일을 문자 그대로 기록하는 것이 아니라, 구약적 관점에서 심판을 설명하고 있는 것이다. 이러한 표현들은 우주적 붕괴 언어로 구약에서 심판을 표현할 때 자주 사용된다. 이러한 표현이 심판의 언어로 사용되는 이유는, 구속이 창조 질서의 회복이라면 심판은 우주적 체계의 붕괴이기 때문이다.

13-14절 하늘의 별들이 무화과나무가 대풍에 흔들려 설익은 열매가 떨어지는 것 같이 땅에 떨어지며 하늘은 두루마리가 말리는 것 같이 떠나가고: 이 본문도 이사야 34:4의 "하늘의 만상이 사라지고 하늘들이 두루마리 같이 말리되"라는 본문을 사용하여 표현하고 있다. 이사야 본문에서 '사라지고'는 '떨어지고'라고 번역할 수 있다. 앞의 경우처럼 이러한 표현들도 우주적 붕괴 언어로써 종말적 심판의 현상들을 구약적 관점에서 표현한 것이다. 문자 그대로 이해하는 것은 오해를 가져온다. 이러한 구약적 표현을 여기에 적용하는 것은, 구약에서 약속한 종말의 시대가 어린 양이 책의 인을 떼시는 사건(곧 십자가 사건)을 계기로 도래했다는 사실을 보여 주려는 목적이다. 이러한 종말적 의미는 예수님의 초림으로 시작하여 재림까지 존재하는 모든 역사 가운데 적용될 수 있다.

15절 굴과 산들의 바위 틈에 숨어: 이러한 심판을 당하는 사람들의 반응을 잘 보여 주고 있다. 그들은 '숨는' 행위를 보인다. 하나님의 심판에 대해 긍휼을 구하기보다는 하나님으로부터 도망하는 인간의 악한 모습을 볼 수 있다. 이처럼 심판의 순간에도 하나님께 등을 돌리며 하나님을 찾지 않는 인간의 모습에서 인간의 악함과 하나님의 심판이 정당하다는 것을 보여 주고 있다.

땅의 임금들과 왕족들과 장군들과 부자들과 강한 자들: 여기에서 '땅의'라는 단어는 다음에 이어지는 모든 항목에 적용된다. '땅의'라는 단어는 요한계시록에서 하늘과 대조되어 하나님과 관계없이 살아가는 자들을 일컬을 때 사용된다. 이 단어의 사용으로 이어지는 항목에 해당되는 사람들은 신자들이 아니라 불신자, 곧 사탄에게 속한 자들임을 알 수 있다. 여기에서 열거되는 왕들, 지배자, 장군, 부자, 권세자는 대부분 사회적으로 기득권을 가진 부류들이다. 이러한 부류가 심판의 대상으로 언급되는 것은, 이러한 자들이 악을 행하는 자리에 있기 쉽고 하나님을 믿는 것에는 어려움이 있기 때문이다.

종, 자유인: 심판을 받고 있는 자들의 항목 끝 부분에서 종과 자유인이라고 한 것은 모든 종과 자유인을 가리킨다고 할 수 있다. 이것은 심판에 예외가 없음을 보여 주려는 의도이다.

16절 보좌에 앉으신 이의 얼굴에서와 그 어린 양의 진노에서 우리를 가리라: 이 본문에서 '보좌에 앉으신 이'는 물론 하나님을 의미한다. 여기 '어린 양의 진노'가 나란히 놓여 있다. 보좌에 앉으신 하나님과 어린 양으로서 십자가에서 죽임을 당하신 예수님은 동등한 심판의 권세를 가지신다. 이 본문은 15절에서 열거된 자들이 울부짖는 내용으로서, '우리를 숨겨 달라'는 것은 하나님과 어린 양의 진노가 그만큼 극렬함을 보여 준다. 또한 그 진노 중에 그 영광의 빛을 감히 감당할 수 없어 일시적인 도피를 구하고 있다. 이러한 반응은 신자에게서 나타날 수 있는 반응이 아니다. 신자들은 환난의 때에 도리어 하나님의 얼굴을 더 강렬하게 구하려고 하기 때문이다.

17절 진노의 큰 날이 이르렀으니: 이것은 구약에서 종말을 내다보면서 표현했던 문구이다. 이 진노의 큰 날이 이르렀다는 것은 5장을 배경으로 하여 '두루마리의 봉함된 인을 떼기에 합당한 어린 양이 십자가에서 흘리신 피'로 말미암아 확증된다. 곧 예수님의 초림으로 종말의 진노의 큰 날이 이미 시작된 것이다.

누가 능히 서리요: 주어진 진노의 큰 날에는 아무도 그 진노를 견딜 수 없다. 보좌에 앉으신 하나님과 어린 양의 심판이 잔인할 정도로 극렬하기 때문이다. 이것은 이 땅의 임금들에 의해 핍박과 억압을 당하는 하나님의 백성들에게, 이 세상을 주관하시는 하나님께서 그 억울함을 간과하지 않고 갚아 주실 것임을 시사해 주고 있다.

이미 시작된 하나님의 심판은 우주적인 것으로서, 모든 사람에게 예외 없이 그 강한 강도가 영향을 미치게 된다.

묵상 여행

순교자들의 신원의 기도 후에 다시 여섯 번째 심판에서는 처음 네 개의 심판의 경우처럼 심판의 정황을 소개한다. 그런데 처음 네 개의 경우와는 좀 다른 양상이다. 곧 천체의 변화를 통한 심판이라는 점에서 차이가 있다. 하나님이 넷째 날에 창조하신 하늘의 광명체로서 해와 달과 별과 같은 천체가 와해되는 장면을 심판의 정황으로 사용하고 있다. 이것은 구약의 맥락에서 심판에 대해 선지자들이 선포한 내용이다. 구약의 선지자들은 바로 이러한 창조 질서의 와해를 심판의 결정적 요소로 간주하였다. 선지자 요한이 그 전통을 이어받아 자신의 글에 반영하고 있는 것이다. 구속이, 와해된 창조 질서를 회복하는 새창조를 지향하고 있다면, 심판은 창조 질서의 파괴를 통한 우주적 붕괴를 가져온다. 이러한 가운데 인간을 비롯한 피조물이 신음한다. 곧 이 세상의 기득권 세력들이 이 심판의 정황 속에서 가장 힘들어한다. 그것이 심판의 본질이다. 이 시대에 누가 정말 고통스러운가? 이것을 볼 수 있도록 하는 것이 오늘 본문의 목적이다. 심판의 시대에 하나님의 심판은 현저하게 드러난다. 공의로우신 하나님의 보응은 이미 임하였다. 그리스도인으로서 하나님의 엄위하신 심판 앞에 숙연해진다. 그러나 문제는 심판을 받는 자들이 자신의 죄악을 돌아보기보다는 원망하며 하나님의 얼굴로부터 숨으려고 한다는 것이다.

나의 결단 :

이 세상의 모든 부조리와 불공평과 정의롭지 못함에 몸부림치는 나 자신의 모습이 너무나 초라해 보인다. 더 큰 하나님의 심판의 손길이 이 우주를 휘감아 후려치고 있다. 그 누구도 견딜 수 없는 종말적 심판의 손길을 볼 수 있는 영적 통찰력을 갖기를 소망한다. 그리고 하나님으로부터 피해 숨으려고 하기보다는, 하나님 앞에서 두려움과 경외심을 가지고 만유의 주재이신 그분을 예배하는 삶을 살기를 결단한다.

이마에 하나님의 인을 받은 자 십사만 사천

Day 13

7:1-8
찬송 357 (통 397)

묵상 열기

이 시대는 이미 심판 중에 있다. 교회는 그 심판 중에 어떤 상태에 있을까? 오늘 본문은 심판 중에 있는 이 시대에, 교회는 어떻게 존재하는가에 대한 답을 던져 준다. 7장 전체는 여섯 번째 인 심판과 일곱 번째 인 심판 사이에 들어가 있는 삽입 부분이다. 오늘 본문은 7장의 첫 번째 문단인 1-8절의 내용이다.

본문 여행

1절 이 일 후에: '이 일 후에'라는 문구는 '이후에'라고 번역해야 할 것이다. 이 문구는 요한계시록에서 4:1의 경우처럼 시간적인 순서가 아니라 장면의 전환을 표시해 주는 일종의 관용어로 사용되고 있다.

땅 네 모퉁이: 네 모퉁이란 실제로 지구가 사각 모양을 하고 있다는 것이 아니라, 우주적 의미를 갖는 '넷'이란 숫자를 통해 심판의 범위가 우주적임을 보여 준다(참조. 사 11:12; 겔 7:2).

2-3절 네 천사와 다른 천사: 네 천사들은 이 땅과 바다

를 해칠 수 있는 권한을 하나님께로부터 받은 자들이다. 그들이 바람을 붙들어 땅 위, 바다, 나뭇잎 하나도 흔들리지 못하게 막고 있는 것은 심판을 준비하고 있는 긴박한 순간을 보여 주고 있다. 네 천사와 다른 천사는 구원의 표를 하기 위해 보냄을 받는다. 다른 천사는 네 천사에게 하나님의 종들의 이마에 인을 칠 때까지 바람을 붙들어 땅이나 나무나 나뭇잎 하나도 해하지 말라고 요청한다. 잠시 심판을 지연하라는 것이다.

하나님의 종들: 이들은 특정한 무리를 가리키는 것이 아니라 모든 하나님의 백성들, 곧 교회 공동체를 일컫는다(참조. 계 1:1).

하나님의 인: 하나님의 소유가 되었다는 표시이다(참조. 겔 9:4-6). 다른 천사가 하나님의 인을 하나님의 종들의 이마에 치는 것은, 그들이 하나님의 소유로서 하나님의 보호의 대상임을 확증한다.

이마: 하나님의 종들은 이마에 하나님의 인을 받는다. 이마는 가장 잘 보이는 곳으로서 도장을 받는 지체로 설정되고 있다. 물론 이마에 인침을 받는 것은 심령에 성령의 인침을 받는 것에 대한 상징적 표현이다. 그들은 심판의 대상이 아님을 보여 준다.

4절 인침을 받은 자들이 십사만 사천이니: 십사만 사천은 12×12×1,000으로 구성된다. 첫 번째 12는 구약의 열두 지파를 대표로 하는 구약의 백성을 의미하며, 두 번째 12는 그 성취로서의 신약 백성을 함께 포함하는 하나님의 교회 공동체 전체를 상징적으로 보여 주는 숫자이다. 그리고 '1,000'이라는 숫자는 영원성 혹은 완전성(출 34:7의 인자를 천 대까지 베풀어 주시겠다는 것에서)을 의미하거나 십부장, 백부장 그리고 천부장과 같은 구약의 군대용어로 사용된다. 이러한 의미들을 정리하면, 144,000은 하나님의 백성 전체를 가리키는 것으로, 이 세상에서 복음의 깃발을 들고 하나님의 통치를 구현하기 위해 전투하는 교회 공동체로서 하나님의 백성의 완전한 수를 의미한다.

이스라엘 자손의 각 지파: 144,000이라는 숫자는 이스라엘의 열두 지파에 속한 사람들이라고 설명한다. 교회 공동체를 구약 이스라엘의 관점에서 설명하고 있는 것이다. 이스라엘은 하나님이 택하신 백성이다. 이와 같이 교회 공동체도 하나님이 택하신 백성이라는 의미를 갖는다.

5-8절 유다 지파: 창세기 49:9, 이사야 11:10 등과 같은 곳에서는 유다 지파로부터 메시아가 출현한다고 기록한다. 이러한 유다 지파가 지파의 첫 번째 목록으로 등장하는 것은 이 공동체가 메시아적 사역의 결과로 구성되었다는 사실을 보여 준다.

만 이천 명: 각 지파마다 숫자를 12,000명으로 통일시켜 배당한다. 군대 조직의 한 군단을 1,000명으로 할 때, 각 지파는 12군단의 군대로 구성되고 있다고 할 수 있다. 동시에 민수기 1장에서 각 지파마다의 숫자는 차이가 있지만 이 본문에서는 모든 지파를 12,000명으로 통일시켜 144,000명을 구성한다.

요셉과 므낫세 지파: 본문에서 흥미로운 사실은 에브라임이 생략되고 요셉과 므낫세가 함께 목록에 들어가 있다는 점이다. 이것은 민수기 1:32-34의 "요셉의 아들 에브라임의 아들들에게서 난 자를"이라는 말씀에 근거한다. 곧 이 민수기의 말씀은 에브라임이 요셉에게 부속된다는 사실을 보여 준다. 이러한 관계로 인하여 에브라임 대신 요셉이 등장하고 있음을 알 수 있다.

단 지파의 생략: 이 목록에는 야곱의 다섯 번째 아들인 단 지파가 생략되어 있다. 단 지파의 생략은 초기 요한계시록을 해석했던 교부들에게도 의미 있게 다가온 바 있다. 2세기의 저술가 이레니우스는, 단 지파가 여기에서 생략된 것은 적그리스도가 단 지파로부터 출생할 것이기 때문이라고 주장한 바 있다. 창세기 49장과 민수기 1:20-43 그리고 신명기 33장과 사사기 5장의 열두 지파의 목록에서 생략되는 지파가 불규칙하게 등장하는 것을 보면 요한계시록 본문에서 단 지파의 생략에 큰 의미를 부여할 필요는 없다.

묵상 여행 :

요한계시록에서 보여 주는 또 다른 형태의 교회에 대한 본문이다. 하나님의 완벽한 수로서 모든 백성을 의미하는 상징적 숫자인 144,000명은, 심판 중에 있는 이 세상에서 어떠한 세력도 침투하지 못하도록 하나님의 인침으로 강력한 보호를 받고 있는 공동체이다. 이 숫자 속에서 교회 공동체의 충만함과 동시에 하나님의 완전하심을 본다. 144,000은 어느 특정한 부류를 가리키지 않으며, 그리스도를 주로 고백하는 자들이라면 누구라도 이에 속한다. 예수님을 주로 고백하는 것 외에 다른 조건을 붙여 144,000에 들어오도록 하는 것은 이단이며 사탄의 속삭임이다. 이러한 속삭임에 귀를 기울여 혼란에 빠지는 것은 하나님이 원하시는 바가 아니다. 본문은 144,000을 통해, 하나님의 보호를 받는 모든 교회 공동체가 영적인 군사로 당당하게 서서 세상의 악과 대적하며, 이 세상에서 복음의 깃발을 높이 들고 하나님의 통치를 구현하는 왕적 메시아의 전투하는 교회로 살아가야 함을 보여 주고 있다. 영적 전투의 현장에서 하나님의 인침을 받은 군사는 그 어떠한 대적을 만나더라도 두려움 없이 꿋꿋하게 싸워 나갈 수 있을 것이다.

나의 결단 :

하나님은 하나님의 백성을 모으시고 구성하시는 데 한 치의 오차도 없이 완전하시다. 또한 이 땅에 현존하는 모든 교회는 하나님의 백성을 모으도록 부르심을 받았다. 오늘 내가 복음의 손길을 내미는 그 현장이 바로 하나님의 완전하심이 구현되는 순간인 것이다. 오늘 나는 누구에게 144,000의 영광스런 반열에 들어오도록 복음의 손길을 내밀까?

하늘에 있는 아무도 셀 수 없는 큰 무리

7:9-17
찬송 550 (통 248)

묵상 열기

사람이 이 지상에 살면서 하늘에 존재하는 것이 가능한 일일까? 상상 속에서만 있을 수 있는 일이 그리스도 안에서 성도에게 일어난다면 믿을 수 있을까? 믿기 어렵기 때문에 진리는 더욱 소중하다. 오늘 본문에서 우리는 믿을 수 없는 일들을 다시 한 번 목격할 것이다.

본문 여행

9절 이 일 후에: 이 문구 역시 1절의 경우처럼 시간적 순서가 아니라 논리적 순서이며 장면의 전환을 보여 주는 관용어이다. 그러므로 1-8절과 9-17절은 시간적 관계가 아니라 동시적 시점으로서 장면의 전환으로 구성되어 있다.

아무도 능히 셀 수 없는 큰 무리: 이 문구는 창세기 13:16, 15:5, 32:12에서 하나님이 아브라함에게 셀 수 없이 큰 무리의 자손을 주시겠다고 하신 약속에서 비롯된다. 창세기 본문에서 하나님은 아브라함에게 허락하실 백성의 셀 수 없는 큰 무리의 수를 땅의 티끌(13:16), 하늘의 별(15:5) 그리고 바다의 모래(32:12)와 같은 은유로 표현하고 있다. 곧 이 엄청난 군중은 아브라함의 약속의 성취로써 교회 공동체를 상징하기 위한 목적으로 사용되고 있다. 신약의 교회 공동체는 아브라함에게 하신 하나님의 약속의 성취로 탄생하였다. 그러므로 혈통적 이스라엘이 아브라함의 자손이 아니라 교회 공동체가 새이스라엘로서 바로 진정한 아브라함의 자손이다. "그런즉 믿음으로 말미암은 자들은 아브라함의 자손인 줄 알지어다"라는 갈라디아서 3:7 말씀 그대로이다.

각 나라와 족속과 백성과 방언에서: 이러한 표현은 "셀 수 없는 큰 무리"에게 우주적 의미를 부여하고 있다. 곧 이 엄청난 군중으로 상징되는 교회 공동체는 어떤 특수한 그룹으로만 구성되었다고 볼 수 없다. 교회 공동체는 모든 계층과 모든 민족으로 구성되는 보편성을 갖는다. 이러한 특징은 144,000의 숫자가 가지고 있는 특수성과 모순되지 않고 서로 조화를 이룬다. 곧 교회 공동체는 보편성과 특수성을 모두 가진다. 교회 공동체는 남녀노소 빈부귀천을 구별하거나 차별하지 않고 누구나 함께할 수 있는 곳이며, 또 그런 곳이어야 한다. 동시에 교회 공동체는 선택받은 자들이 모이는 특수한 공동체이다.

흰옷을…종려 가지를 들고: 이러한 표현들은 전쟁 모티브와 관련하여 사용되는 것으로 흰옷은 승리의 축하를 위한 축제 복장을 상징하며, 종려 가지는 승전한 군사들을 축하하고 환영하기 위해 흔들었던 가지를 말한다. 특별히 흰옷은 요한계시록에서 성도의 정체성을 나타낼 때 사용된다.

보좌 앞과 어린 양 앞에 서서: 이 문구는 4장과 5장을 배경으로 볼 때 하늘의 정황을 나타내 준다. 이 문구는 셀 수 없는 큰 무리가 하늘에 존재한다는 것을 확증해 준다. 이 문구에 의해 아브라함의 자손으로서 교회 공동체는 천상적 존재라는 것을 알 수 있다. 1-8절의 144,000이 지상에서 하나님의 보호를 받는 전투하는 공동체라면 9절 이후의 셀 수 없는 큰 무리는 하늘에서 승리한 공동체인 것이다. 이 두 개의 상황은 시점의 차이를 두고 발생한 것이 아니라 동시에 발생한 상황이다.

10절 구원하심이 보좌에 앉으신 우리 하나님과 어린 양에게 있도다: 이 엄청난 큰 무리가 보좌 앞과 어린 양 앞에서 흰옷을 입고 종려 가지를 흔든 것은, 그들에게 주어진 승리의 이유를 구원이란 이름으로 하나님과 어린 양께 돌려 드리는 모습이다. 하늘에서 셀 수 없는 큰 무리가 경험하는 구원이야말로 역사적으로 존재한 적이 없는 구원의 절정이라고 할 수 있다. 현재 하늘에 존재하는 교회 공동체를 의미하는 셀 수 없는 큰 무리는 현재 구원의 은혜를 노래하고 있는 것이다.

12절 찬송과 영광과 지혜와 감사와 존귀와 권능과 힘: 이러한 찬양의 목록들은 4:9에서 네 생물이 "영광과 존귀와 감사"라고 한 것과 4:11에서 "영광과 존귀와 권능"이라고 한 것, 5:12의 "능력과 부와 지혜와 힘과 존귀와 영광과 찬송"(많은 천사), 5:13의 "찬송과 존귀와 영광과 권능"(모든 피조물)과 평행적 관계를 가진다. 여기 4-5장에서 열거된 찬양의 제목들과 위의 11-12절을 비교하면 거의 일치하고 있음을 알 수 있다.

14절 이는 큰 환난에서 나오는 자들: 이 문구는 좀 더 정확하게 번역하면 '큰 환난으로부터 나오는 자들'이라고 말할 수 있다. 여기에서 '큰 환난'이란 다니엘 12:1을 배경으로 한다. 이 문구는 현재 이 세상을 '환난'이라고 규정하고 다니엘서에서 말하는 환난의 정황을 바로 초림과 재림 사이에 존재하는 모든 종말적 기간에 적용하고 있다. 그러므로 큰 환난으로부터 나오는 자들이란 이 세상으로부터 구원받아 하늘에 속하게 된 모든 성도를 가리킨다.

어린 양의 피에 그 옷을 씻어 희게 하였느니라: 9절에서 '흰옷'을 승리를 축하하는 축제를 위한 복장이라고 하였는데, 그것을 어린 양의 피로 씻어 희게 하였다고 한 것은, 이들의 승리에 어린 양의 희생 제사의 피로 말미암은 구속 사건이 결정적으로 작용했다는 것을 의미한다.

16-17절 그들이 다시는 주리지도 아니하며 목마르지도 아니하고 해나 아무 뜨거운 기운에 상하지도 아니하리니…생명수 샘으로 인도하시고: 이 구절들은 바벨론으로부터 해방을 통해 새 출애굽 사건을 전망하는 이사야 49:10, 25:8 그리고 에스겔 34:23의 말씀을 배경으로 하

여, 새 출애굽 모티브가 어떻게 하늘의 교회 공동체에 성취되어 나타나는지를 보여 주고 있다. 즉, 출애굽과 바벨론으로부터 해방을 통한 광야 여행에서 이스라엘이 경험한 하나님의 긍휼은, 바로 오늘날의 교회 공동체가 현재적으로 하늘에서 체험하는 하나님의 은혜이다. 구약에서 선지자들이 선포한 종말적으로 이루실 하나님의 구원의 역사인 새 출애굽에 대한 약속이, 셀 수 없는 큰 무리에게 성취된다.

묵상 여행:

아무도 능히 셀 수 없는 큰 무리는 아브라함의 약속의 성취로서 교회 공동체를 의미한다. 이러한 점에서 144,000과 동일한 공동체를 가리킨다. 요한계시록에서 하늘은 배타적이거나 도피적이지 않고, 지상에서의 삶과 통합되는 역동적 상태로 존재한다. 왜냐하면 하늘은 단순히 죽어서 가는 곳이 아니라 살아서 구약에서 약속한 새 출애굽의 구원 역사의 성취를 경험하는 곳이기 때문이다. 그들은 심판받아 환난 중에 있는 이 세상으로부터 건져냄을 받은 자들이다. 그들의 옷은 어린 양의 피로 씻어 희게 되어 거룩하며, 그들은 종려 가지를 가지고 있는 승리한 자들이다. 그들은 구약의 경우처럼 이스라엘 족속으로 제한되지 않고, 모든 나라와 족속과 백성과 방언에서 나온 자들로 구성되는 우주적 범주의 공동체이다. 이러한 천상적 존재로서 그들의 정체성은 당연히 지상에서의 삶과 역동적 관계를 가진다. 배타적 내세주의를 반대한다. 성도의 정체성이 바로 하늘의 존재이므로 이 지상에서 그러한 삶을 살아 내야 하는 것이다. 이것이 바로 '천상적 존재로서 교회는 한낱 상상 속에 존재하는 신기루'라는 패배주의적 발상을 무색하게 만들어 버리는 방법이다. 이러한 삶의 방향은 바로 올바른 진리에 대한 인식에서 출발한다.

나의 결단 :

나는 오늘 이 세상에서 하늘의 능력을 경험하기를 원한다. 먼저 나의 가치관이 하늘의 차원과 일치하는지를 확인해 보고 싶다. 하나님의 통치를 받도록 힘쓰고 싶다. 하나님이 원하시는 자리에 서기를 원한다. 하나님이 원하시는 사람을 만나 보려고 한다. 특별히 가난하고 소외된 사람들을 찾아보려고 한다. 나의 물질을 떼어서 필요한 사람과 나누고 싶다.

일곱 번째 인 심판 :
심판과 기도

8:1-5
찬송 370 (통 455)

묵상 열기

심판의 절정의 순간에 성도들의 기도가 등장한다. 이러한 성도의 기도는 심판의 시행과 어떤 관계가 있을까? 하나님의 심판이 성도들의 기도에 대한 응답으로 일어난다면 그 기도는 어떤 가치가 있을까? 오늘 본문은 성도들의 기도가 하나님의 통치의 한 측면으로서 심판에 어떤 영향을 끼치는지 가르쳐 준다.

본문 여행

1절 일곱째 인을 떼실 때에: 6:12-17은 여섯 번째 인 심판, 8:1-5은 일곱 번째 인 심판이다. 그 사이에 7장이 삽입되었다. 이러한 구조를 인식하는 것이 필요하다.

반 시간: 1세기 당시에 예루살렘 성전에서 오전 의식에 향을 피우는 시간을 나타낸다. 본문은 유대인들의 성전 제사의 관습을 반영하여 기록한다.

고요하더니: 이러한 현상은 하나님께서 하나님의 백성의 기도를 듣기 위해 하늘을 반 시간 동안 조용하게 하셨다는 정황을 설명하고 있다. 하나님은 아무리 소음이 많더

라도 성도들의 기도를 들으실 수 있는 분이다. 그럼에도 이러한 정황을 연출하는 것은 하나님께서 성도들의 기도를 들으시겠다는 의지를 나타내 준다.

2절 나팔: 나팔의 이미지는 하나님의 심판, 거룩한 전쟁의 선포를 상징적으로 보여 준다. 특별히 구약에서 여호수아가 지휘한 정복전쟁에서 또 여리고 성을 심판하는 과정에서 필수품(양각나팔)으로 사용되었다. 이러한 나팔의 이미지가 계시록에 반영될 때, 나팔은 회개에 대한 도전이나, 경고가 아니라 종말론적 심판의 선언이며 나아가 사탄에 대한 하나님의 전쟁을 선포하는 도구이다.

하나님 앞에 일곱 천사가 서 있어: 이러한 모습은 천사가 기본적으로 하나님을 섬기는 종이라는 개념을 제공한다. 일곱 천사는 앞으로 하나님의 일곱 나팔 심판을 알리는 역할을 감당한다.

일곱 나팔을 받았더라: 심판하시는 분은 하나님이시다. 일곱 천사는 하나님께 나팔을 받아 그 심판을 알리는 자들일 뿐이다. 이 내용이 일곱 번째 인 심판을 언급하는 사이에 삽입된 것은, 인 심판과 나팔 심판의 내용이 밀접함을 구조적 밀접함을 통해 표현해 보려는 의도로 이해할 수 있다. 실제로 인 심판과 나팔 심판의 구조가 매우 유사하게 전개됨을 알 수 있다. 이러한 사실 이상의 의미를 두는 것은 적절하지 않다.

3절 다른 천사가 와서 제단 곁에 서서 금 향로를 가지고 많은 향을 받으니: 다른 천사는 2절에서 일곱 천사와 구별되는 다른 천사를 가리킨다. 이 다른 천사가 제단 곁에 섰다는 것은 천사가 제의적 기능을 수행하고 있음을 의미한다. 이러한 제의적 기능이란 제사장적 지위를 의미한다. 이러한 제의적 정황은 1절의 성도들의 기도와 밀접한 관계를 갖는다. 결국 천사가 성도들의 기도를 하나님께 올려 드리는 중개자로서의 역할을 수행한다. 그러나 이것을 문자 그대로 이해하여 천사가 우리의 기도를 중보한다고 생각하는 것은 매우 중대한 오류이다. 이러한 형식은 유대적 문헌의 내용을 반영하여 표현하고 있을 뿐 실제적 상황이 아니라는 사실을 기억하는 것은 중요하다. 우리의 기도를 중보하시는 분은 지금도 하늘에서 우리를 위해 기도하시는 대제사장이신 예수님뿐이시다. 우리의 기도를 돕는 분은 천사가 아니라 보혜사 성령님이시다.

향: 모든 성도들의 기도가 하나님께 상달되는 과정을 시각적으로 표현하기 위해 사용되고 있다. 구약에서 향을 피우는 것은 성도들의 기도가 하나님께 상달되는 것을 보여 주는 역할을 한다. 여기에서 '많은 향'이 천사에게 주어지는 것은 성도들의 기도가 충분히 하나님께 상달되었음을 의미한다.

금 제단에 드리고자 함이라: 제단은 제물이 드려지는 곳이다. 그런데 그 제단에 모든 성도의 기도와 함께 향이 담긴 금향로를 놓는다. 성도들의 기도가 바로 제물이라는 의미이다. 여기에서 기도를 올려 드리는 성도들은 순교자들과 다름없는 자들이다. 순교한 성도들의 기도는 거룩한 제물이 되고 향이 되어 하나님께 상달된다. 하나님은 그들의 기도를 듣지 않으실 수 없다.

4절 향연이 성도의 기도와 함께 천사의 손으로부터 하나님 앞으로 올라가는지라: 앞에서도 언급한 것처럼 천사가 성도들의 기도를 하나님께로 가져가는 중보적인 제사장의 이미지로 등장한다. 이것은 실제로 천사가 성도들의 기도를 중보하는 것은 아니다. 성도의 중보자는 오직 대제사장이신 예수님이시다. 그러나 당시의 유대 문헌에 의하면 천사가 중보적 제사장의 역할을 하는 것으로 기록하고 있는 경우가 있다. 이러한 배경을 성도의 기도가 하나님께 상달되는 이미지로 사용하고 있는 것이다.

5절 제단의 불을 담아다가 땅에 쏟으매: 향로에 제단의 불을 담아 땅에 쏟는 행위는 심판에 대한 상징적 표시이다(참조. 겔 10:2-7). 이러한 심판 행위에 대한 이미지는 성도들의 기도에 대한 응답으로 시행되고 있다. 이러한 기도에 대한 응답은 하나님의 심판이 성도들의 기도에 대한 응답으로 진행된다는 사실을 분명하게 보여 준다. 창조의 목적과 원리대로 하나님은 하나님의 형상대로 지으신 인간을 당신의 역사의 동역자로 참여시키신다.

우레와 음성과 번개와 지진: 마지막 날에 일어날 심판의 표시로서 4:5에서 이미 하늘에서 발생한 바 있다. 심판이라는 하나님의 뜻이 하늘에서 결정된 대로 땅에서도 이루어지는 형식을 잘 보여 주고 있다. 이러한 현상은 11:19과 16:18에서도 동일하게 발생한다. 곧 이것은 심판의 최종적 단계를 표시해 주고 있다.

묵상 여행

하나님의 의지는 확고하다. 하나님은 자녀들의 고난의 기도를 들으신다. 성도들의 기도에는 고난으로 말미암아 묻어난 신음이 있다. 그 신음은 제물이 되고 향이 되어 하늘로 상달된다. 하나님은 하늘을 조용하게 하여 성도들의 신음을 들으신다. 이때 하나님도 신음하신다. 하나님의 신음은 진노가 되고 천둥과 번개와 지진과 큰 소리로 변화되어 핍박자들을 심판하는 검으로 내리치신다. 마침내 마지막 때가 온 것이다. 하나님께서 마지막에 일어날 일을 미리 알려 주시는 것은, 부정의와 부조리로 얼룩지고 더럽혀진 이 땅에서 살아갈 때 그 모든 것을 결산할 날이 올 것이므로 좌절하거나 절망하거나 방황하지 말고 인내하면서 뚜벅뚜벅 걸어나가도록 하기 위함이다.

나의 결단

나는 이 시대의 부패와 부조리로 인해 절망하는가? 절망하지 말자. 대신 하나님의 심판이 임하도록 기도하자. 나의 분노와 슬픔이 기도로 승화될 때 가장 거룩하고 아름답다. 그것은 하나님의 통치가 임할 수 있는 통로이기 때문이다. 오늘도 세상에 대한 분노와 절망을 끌어안고 기도의 향연으로 하나님께 나아가 보자.

처음 네 개의 나팔 심판

8:6–13
찬송 35 (통 50)

묵상 열기

처음 네 개의 나팔 심판은 주로 인간 자체를 향하기보다는 인간의 삶을 지탱해 주는 자연계에 집중되고, 나머지 세 개의 심판은 인간에게 집중된다. 나팔 심판도 인 심판처럼 초림부터 재림 사이의 시대적 특징을 심판으로 규정하여 기록하고 있다. 이러한 점에서 나팔 심판 시리즈는 인 심판 시리즈의 반복이다.

본문 여행

7절 피 섞인 우박과 불: 출애굽기 9:22–25을 배경으로 하고 있다. 다만 출애굽기에서는 불보다는 우박이 땅에 피해를 주는 반면, 요한계시록에서는 우박보다는 불이 더 주도적 역할을 한다. 이것은 7절에서 '타다'라는 단어가 반복되는 것을 통해 알 수 있다. 요한계시록 전체에서 심판의 이미지로서 '불'이 자주 강조되어 사용되는 것과 같은 맥락이다.

땅의 삼분의 일이 타 버리고: "삼분의 일"은 구약에서 심판과 회복의 단위로 사용되고 있다(참조. 겔 5:2, 12; 슥 13:8–9). 이는 심판 중에도 새창조와 같은 회복에 대한 확실한 가능성을 열어 놓고 있음을 보여 준다. 또한 삼분의 일만을 심판의 대상으로 삼았다는 것은 이 심판이 최종적인 심판이 아니라는 점을 암시한다.

8절 불 붙는 큰 산과 같은 것: 예레미야 51:25을 배경으로 한다. 이 문구를 통해 심판 메시지의 형성과 전달 효과를 극대화한다.

바다의 삼분의 일이 피가 되고: 출애굽기 7:17-18과 7:20-21의 말씀을 배경으로 출애굽의 열 가지 재앙 중 첫 번째 것을 나팔 심판에 적용하여 사용한다.

9절 배들의 삼분의 일이 깨지더라: 이 표현은 자연계의 심판이 결국은 인간에 대한 심판으로 연결되고 있음을 보여 준다. 피가 되는 것과 배의 삼분의 일이 깨지는 것은 다소 관계가 없어 보이지만, 결국 자연계에 대한 심판이 종국적으로 인간을 향하게 된다는 점을 보여 준다.

10절 횃불같이 타는 큰 별: 이것은 하늘에서 떨어지는 운석을 연상시킨다. 천체의 붕괴를 통해 심판의 정황을 설명하고 있다. 그러나 문자적인 성취를 의도하는 것은 아니다.

강들의 삼분의 일과 여러 물샘에 떨어지니: 강·물샘은 에덴적 정황에서 매우 중요한 요소이다. 그런데 바로 그러한 핵심적 요소에 심판이 가해지므로 우주적 붕괴의 정황을 보여 준다. 여기에서 심판의 심각성을 보게 된다.

11절 이 별 이름은 쓴 쑥이라: 이 말의 의미는 이 별 자체가 쑥이라는 것이 아니다. 일종의 은유적 표현으로 이 별은 쑥과 같은 역할을 하여, 이 땅 물의 삼분의 일을 오염시키므로 그 물이 쑥처럼 쓰게 되었다는 것을 의미한다. 이는 쑥을 독한 물과 동일시하는 예레미야 9:15(그러므로 만군의 여호와 이스라엘의 하나님께서 이와 같이 말씀하시니라. 보라 내가 그들 곧 이 백성에게 쑥을 먹이며 독한 물을 마시게 하고)과 23:15(내가 그들에게 쑥을 먹이며 독한 물을 마시게 하리니 이는 사악이 예루살렘 선지자들로부터 나와서 온 땅에 퍼짐이라 하시니라)을 배경으로 한다. 이 예레미야 본문에서 쑥은 독한 물과 동일시되고 있다.

그 물이 쓴 물이 되므로 많은 사람이 죽더라: 그 쓴 물은 예레미야 9:15; 23:15을 배경으로 볼 때 인체에 해로운 독한 물로 이해할 수 있다. 그러므로 그 독한 물을 마신 자는 죽을 수밖에 없다.

12절 해 삼분의 일과 달 삼분의 일과 별들의 삼분의 일이 타격을 받아: '충격을 받아'라는 동사는 어떤 다른 사람에게 가해지는 치명적인 공격을 표현할 때 사용되는 일종의 그림언어이다. 이 동사는 출애굽기 9:31-32에서 우박의 재앙을 통해 애굽을 심판할 때 사용된 동사와 연관된다. 이러한 내용 역시 우주적 붕괴 언어에 속하는 것으로 이해할 수 있다.

어두워지니: 이 어둠은 출애굽의 열 가지 재앙 중 아홉 번째 경우와 유사하다. 이후에 선지서에서 심판의 목록으로 자주 사용된다. 요엘 2:2은 심판의 날을 의미하는 여호와의 날의 특징을 "어둡고 캄캄한 날이요 짙은 구름이 덮인 날"로 표현한다. 스바냐 1:15에서는 "캄캄하고 어두운 날"이라고 표현한다. 이 외에 요엘 2:10; 이사야 13:10과 에스겔 32:7은 이 '어둠'이라는 주제를 심판을 표현할 때 사용하고 있다.

13절 공중에 날아가는 독수리: 여기에서 독수리는 예레미야 48:40-42을 배경으로 하여 죽음과 파멸의 징조를 알리는 역할로 등장하고 있다.

땅에 사는 자들: 하나님을 대적하는 세력으로서 짐승에게 경배하고 추종하는 세상에 속한 자들을 일컫는 표현이다. 요한계시록에 이러한 표현이 열 번 나오는데 이 본문에서 세 번째로 등장하고 있다(참조. 3:10; 6:10[6:15]; 11:10; 12:12; 13:8, 12, 14; 17:2, 8). 이 땅에 사는 자들에게 화가 임하게 된다. 여기에서 다시 한 번 심판의 대상은 하늘에 거하는 하나님의 백성이 아니라 땅에 사는 사탄에게 속한 자들임을 알 수 있다.

화, 화, 화: 원문에서 '우아이'라고 발음하는 의성어로서 독수리가 만들어 내는 소리와 유사하다(Osborne, 361). 요한이 지금 독수리와 '화'(ouvai)라는 표현을 절묘하게 조화시키려 하고 있음을 알 수 있다. '화'라는 표현의 구약적 배경은 이사야 5:8-9; 아모스 6:1-2이며, 하나님을 버린 자들에게 하나님의 심판을 선포하는 내용들이라고 할 수 있다. 이것이 세 번 반복되는 것은 다음에 이어질 나팔 심판이 세 번 남았기 때문이다.

묵상 여행

심판의 언어로써 피와 불과 쑥과 어둠이란 단어들이 사용된다. 땅과 바다와 강 그리고 해, 달, 별이 이러한 심판의 언어와 결합한다. 그 어떠한 것도 심판의 영향에서 예외일 수 없다. 그만큼 하나님의 심판은 광범위하고 완전하다. 하나님께서 완전하신 만큼 이 피조물 중에 그 어떤 것도 하나님의 심판을 피할 수 없다. 유일하게 피난처가 있다면 그곳은 바로 예수님 안이다. 그래서 예수님 없이는 인간에게 희망이 없다. 오직 예수님 안에서만 피난처를 발견할 수 있다. 그러나 그것은 시작이다. 예수님을 도피처로 삼고 우리들만의 잔치를 벌이는 것은 하나님의 뜻이 아니다. 구원의 희망과 능력을 가지고 세상으로 나아가야 한다. 세상은 예수님 안에서 얻을 수 있는 희망에 목말라 있다. 그들에게 희망을 줄 수 있어야 한다. 이 세상이 심판 가운데 있다는 것은 그만큼 구원에 대한 갈증이 더욱 간절하다는 것을 의미한다.

나의 결단

내가 심판 아래 있는 세상에서 무엇을 할 수 있을까? 세상이 어둠이라면 빛을 더욱 잘 볼 수 있지 않을까? 그런데도 이 어두운 세상에 빛을 보여 주지 못하는 이유는 무엇일까? 아직도 나의 세계 속에 자신을 가두고 세상으로 나아가지 않기 때문은 아닌가? 내 속에 있는 빛을 꺼내어 어두운 세상에 비추어 보자. 어둠 속에 있는 나의 이웃에게 손을 내밀어 보자.

Day 17

다섯 번째 나팔 심판 :
별이 하늘에서 떨어지다

9:1-11
찬송 348 (통 388)

묵상 열기 :

마귀적 속성을 지닌 세력이 이 세상을 장악하여 이 세상과 이 세상에 속한 자들을 고통스럽게 한다. 이러한 관계는 필연적이다. 왜냐하면 악의 세력은 스스로 망하는 자기 파멸적 속성을 가지고 있기 때문이다. 오늘 본문은 악의 세력의 화신으로서 하늘에서 떨어진 별 하나의 주도로 인해 악인이 심판받는 장면을 연출하고 있다.

본문 여행 :

1절 하늘에서 땅에 떨어진 별 하나: 이사야 14:12-14을 배경으로 한다. 이 이사야 말씀은 심판을 받은 바벨론 왕을 하늘에서 떨어진 '아침의 계명성'으로 묘사한다. 이는 후에 사탄 혹은 사탄을 추종하는 악한 천사로 재해석되어 유대인들에게 회자된다. 이것을 배경으로 보면, 하늘에서 땅에 떨어진 별 하나는 곧 사탄을 의미하는 것으로 이해할 수 있다.

무저갱: 이곳은 창세기 1:2의 '깊음(위)'(이것은 히브리어의 '테홈'에 대한 70인경의 번역이다)이라는 단어에서 출발한다(참조. 창 7:11; 8:2; 시 105:9; 107:26). 이와 관련하여 이

단어는 시편 42:7이나 이사야 51:10에서 '깊은 바다' 혹은 '깊은 물'이라고 표현되고 있다. 그리고 시편 63:9과 71:20에서 이것은 '땅 깊은 곳'이라고 하여 죽은 자들이 존재하는 장소로 표현되고 있다. 이로 볼 때 이 단어는 창세기의 '깊음'이라는 의미에서 파생된 것으로 볼 수 있다. 이 단어는 의미의 진화를 거듭한 끝에 결국 원래의 의미를 벗어나 상징적 성격을 가진다.

3절 황충: 구약에서 파괴와 신적 심판의 상징으로 사용된다(신 28:42; 왕상 8:37; 대하 6:28; 7:13; 시 78:46; 105:34; 나 3:15). 특히 출애굽기 10:1-20에서 애굽에 내려진 열 가지 재앙 중에 여덟 번째 메뚜기의 재앙이 그 배경이 된다(참조. 욜 1:4, 6-7, 2:1-11). 요한계시록에서 메뚜기는 단순히 곤충이라기보다는 마귀적 속성을 가진 일종의 그림언어로 사용된다.

전갈의 권세와 같은 권세를 받았더라: 전갈은 성경에서 본질적으로 인간과 적대적인 관계로 인식되는 곤충이다. 신명기 8:15에 "너를 인도하여 그 광대하고 위험한 광야 곧 불뱀과 전갈이 있고 물이 없는 간조한 땅을 지나게 하셨으며"라고 했듯이 전갈은 불뱀과 함께 광야에서 인간을 위협하는 존재이다. 이러한 전갈은 요한계시록에서 원수의 모든 능력의 전형으로 사용된다.

4절 이마에 하나님의 인침을 받지 아니한 사람들만 해하라 하시더라: 하나님의 인침을 받지 않은 자들은 하나님께 속하지 않고 로마 제국의 황제 숭배를 추구하고 사탄을 섬기기로 선택한 자들을 의미한다. 그들이 바로 심판의 대상이다. 이러한 정황은 에스겔 9:4-6(4여호와께서 이르시되 너는 예루살렘 성읍 중에 순행하여 그 가운데에서 행하는 모든 가증한 일로 말미암아 탄식하며 우는 자의 이마에 표를 그리라 하시고 그들에 대하여 내 귀에 이르시되 너희는 그를 따라 성읍 중에 다니며 불쌍히 여기지 말며 긍휼을 베풀지 말고 쳐서 늙은 자와 젊은 자와 처녀와 어린이와 여자를 다 죽이되 이마에 표 있는 자에게는 가까이 하지 말라. 내 성소에서 시작할지니라 하시매 그들이 성전 앞에 있는 늙은 자들로부터 시작하더라)을 생각나게 한다.

5절 다섯 달 동안 괴롭게만 하게 하시는데: 다섯 달은 다섯 달 동안만 생존하는 메뚜기의 생의 주기(life cycle)에 근거한다. 하나님의 인을 맞지 않은 자들이 경험할 '괴로움'을 말하는 데 사용된 헬라어 명사(바사니스모스)는 고통을 의미하는 가장 강력한 용어이다.

6절 그날에는 사람들이 죽기를 구하여도 죽지 못하고 죽고 싶으나 죽음이 그들을 피하리로다: 고통이 심하여 죽고 싶어도 마음대로 죽을 수 없는 것도 심판이다. 하나님의 인을 맞지 아니한 자들, 곧 하나님의 백성이 아닌 자들은 그러한 고통을 겪는다. 이러한 심판은 그들을 회개하게 하기 위한 것이 아니다. 다만 그들이 하나님을 버리고 떠난 것에 대한 보응일 뿐이다.

7절 전쟁을 위하여 준비한 말들 같고: 이 문구는 요엘 2:4-5을 반영한다. 메뚜기는 '군마'나 '전차'에 비유되어 이스라엘을 침공하기 위해 쳐들어오는 바벨론 군대를 가리킨다. 여기서 바벨론 군대는 하나님의 심판 도구로 사용된다. '머리에 금 같은 관 비슷한 것을 썼으며'는 승리의 면류관을 상징하는 것으로, 메뚜기를 통해 그 이마에 하나님의 인 맞지 않은 자들을 심판하시려는 하나님의 목적이 충분히 이루어짐을 의미한다.

8절 여자의 머리털 같은 머리털이 있고: 구약에는 머리카락을 늘어뜨린 사람 혹은 여자와 관련하여 다음과 같은 용례들이 존재한다. 1) 문둥병을 가진 사람들의 불결함(레 13:45), 2) 슬퍼함(레 10:6; 21:10), 3) 간음으로 정죄받은 여자의 모습(민 5:18), 4) 마귀나 사탄의 나타남(솔로몬의 언약 13:1; 스바냐의 묵시록 6:8). 이러한 이미지들은 모두 결국 사탄적 세력을 특징짓고 있는 메뚜기에 대한 이미지에 함께 적용될 수 있다

그 이빨은 사자의 이빨 같으며: 요엘 1:6을 배경으로 하며, 메뚜기의 격렬한 식욕을 엿볼 수 있다. 사자가 그 먹잇감을 하나도 남겨 놓지 않는 것처럼 메뚜기도 그 먹잇감인 모든 수목을 하나도 남겨 놓지 않을 정도로 왕성한 식욕을 갖고 있다. 그러나 본문에서 메뚜기의 먹잇감은 식물이 아니라 바로 하나님의 도장이 찍히지 않은 사람들이다.

9절 그 날개들의 소리는 병거와 많은 말들이 전쟁터로 달려 들어가는 소리 같으며: 7절과 유사한 표현으로서 역시 요엘 2:5의 "그들이 산 꼭대기에서 뛰는 소리는 병거 소리와도 같고"와 평행되는데, 이것은 메뚜기 떼에 강력한 군대의 이미지를 더해 주고 있다.

11절 무저갱의 사자: 무저갱의 사자의 이름은 히브리 음으로는 '아바돈'이고 헬라 음으로는 '아볼루온'이다. 이는 모두 '파괴하다'는 의미를 가진 동사에서 왔으므로 '파괴자'란 의미를 가진다. 이러한 사탄의 파괴적 속성은 자기를 추종하는 자들을 향한다. 하나님은 파괴자를 사용하여 이 세상을 심판하시는 방법을 취하신다.

묵상 여행

오늘 본문은 사탄이 사용하는 악의 세력을 가장 강력하고 파괴적인 모습으로 묘사하면서 심판의 정황을 극대화한다. 그래서 사탄의 이름은 파괴자이다. 당연하지만 흥미롭게도 사탄의 능력은 하나님 대신 황제를 숭배하는 악인들에게 집중된다. 전갈과 같이 사람을 해하는 권세를 가진 황충에 의해 드러난 사탄의 파괴적 속성을 통해, 사탄에게 속한 자들은 심판을 받는다. 사탄의 나라는 서로 죽이고 멸망시킨다. 그래서 망하게 된다. 그러므로 우리는 악을 악으로 갚을 이유가 없다. 악을 선으로 갚을 따름이다. 악의 포악한 전횡으로 고통스러운 시간을 보내고 있다면 안심하라. 그 악은 스스로 망하는 속성을 갖기 때문에 하나님이 정하신 시간에 와해되어 버리고 말 것이다. 그러므로 악에게 분노하여 죄의 구렁 텅이에 빠지지 말고 도리어 평정심을 가지고 악한 세상을 바라볼 필요가 있다.

나의 결단 :

나는 악인들이 망하라고 기도하지 않을 것이다. 왜냐하면 그들은 스스로 망하기 때문이다. 지금 아니면 마지막 때 언제든 악의 세력은 망하고 말 것이다. 그래서 그들의 심판 시기에 대해 조급해할 필요가 없다. 그리고 악한 세력의 흥왕에 대해서도 질투할 필요가 없다.

여섯 번째 나팔 심판 :
회개하지 아니하더라

9:12-21
찬송 274 (통 332)

묵상 열기 :

요한은 심판의 정황을 효과적으로 연출하기 위해 유브라데 강과 관련된 전쟁의 자료를 사용한다. 그러므로 오늘 본문에서 하나님의 심판의 심각성이 어떻게 드러나고 있는지, 그리고 심판에 대한 하나님의 의지가 어떻게 묘사되고 있는지 관찰하는 것은 흥미롭다. 또한 하나님의 심판에 대해 사람들의 반응이 얼마나 부정적이며 그것이 하나님의 심판에 대해 어떤 의미를 부여하는지 살펴보는 것도 중요한 관찰 포인트라고 할 수 있다.

본문 여행 :

12절 첫째 화는 지나갔으나 보라 아직도 이 후에 화 둘이 이르리로다: 8:13에서 세 개의 화가 있게 될 것을 언급한 바 있다. 첫 번째 '화'는 다섯 번째 나팔 심판을 가리키고 두 번의 '화'는 각각 여섯 번째와 일곱 번째 나팔 심판을 가리킨다.

13절 하나님 앞 금 제단 네 뿔: 먼저 '금 제단'이란 6:9에서 '하나님의 말씀과 그리스도의 증거를 인하여 죽임을 당한 영혼들이 그들의 고통의 신원을 위한 기도를 올리는 장소'로 소개된 바 있다. 6:9-11의 순교자들의 기도에 대한 응답으로, 8:3에서 다시 한 번 '보좌 앞에 있는 금 제단'에 성도의 기도들과 합한 향이 올라가는 장면을 소개한다. 여기서는 '보좌 앞에 있는 금 제단'이라는 문구가 좀 더 구체적으로 '하나님 앞 금 제단'이라고 표현된다.

14절 큰 강 유브라데: 유브라데는 먼저 구약적 배경을 가지고 있다. 구약에서 유브라데 강은 약속의 땅인 가나안의 동쪽 경계를 형성한다(참조. 창 15:18; 수 1:4). 그러므로 앗수르, 바벨론 그리고 바사와 같은 제국들이 이스라엘을 침공할 때 유브라데 강을 건너야만 한다. 그리고 또한 그 당시의 사람들이 유브라데 강에 대해 가지고 있는 이미지를 이해하는 것이 필요하다. 이 당시에 유브라데 강은 로마 제국과 파르티아 제국을 가로지르는 국경선과 같은 곳이다(우리나라의 임진강과 같은 곳). 이 강은 두 나라 사이의 전쟁을 제어하는 역할도 하지만, 동시에 이 두 나라 사이의 전쟁에 대한 긴장의 상징이기도 했다. 이러한 상징적 이미지가 심판의 정황을 극대화하기 위해 사용된다.

결박한 네 천사를 놓아 주라: 하나님의 명령에 따라 심판의 시행을 수종하는 존재로서 이해하는 것이 무난하다.

15절 네 천사가 놓였으니 그들은 그 년 월 일 시에 이르러 사람 삼분의 일을 죽이기로 준비된 자들이더라: 이러한 표현은 이 심판이 일어날 구체적인 시점으로서 몇 날 몇 시를 독자들에게 알려 주려는 의도가 있는 것이 아니라, 모든 사건 발생의 시점이 하나님의 주관하에 주도되고 있다는 것을 밝힘으로써 주권이 하나님께 있음을 강조하려는 목적이 있다.

16절 마병대의 수는 이만 만이니 내가 그들의 수를 들었노라: '마병대'의 이미지는 바로 파르티아 제국의 병사들을 근거로 하여 형성되고 있다. 파죽지세로 몰려오는 무수한 군사의 모습을 떠올리게 한다. 그 숫자는 이만 만으로서 2×10,000×10,000이다. 그 당시 그 어떠한 제국도 이러한 수의 군대를 보유하고 있지 않았다. 이는 심판이 얼마나 극렬한지를 보여 준다.

17절 이 같은 환상 가운데 그 말들과 그 위에 탄 자들을 보니: 요한은 환상 중에 말 탄 자들을 본다. 이 내용은 문자적 묘사가 아니라 환상을 통한 상징적 묘사이다.

불빛과 자줏빛과 유황빛 호심경이 있고: 이러한 호심경은 9:9에서 황충을 묘사할 때 사용된 '호심경 같은 호심경'과 유사한 것이다. 9:9이 요엘서의 바벨론과 같은 이방 군대의 모습을 배경으로 한다면, 9:17의 마병대의 모습은 밝은색의 갑옷과 투구로 유명했던 파르티아 군대의 모습을 배경으로 한다. 특별히 '자줏빛'(혹은 보랏빛)은 17d절에서 말들의 입에서 나오고 18절에서는 사람 삼분의 일을 죽이는 원인이 되고 있는 '불·연기·유황'의 빛

깔과 일치되고 있다. 이러한 '불·연기·유황'은 구약에서 심판의 상징으로 자주 사용되기도 하였다(창 19:24, 28; 신 29:23; 삼하 22:9; 사 34:9-10; 겔 38:22).

말들의 머리는 사자 머리 같고 그 입에서는 불과 연기와 유황이 나오더라: 다섯 번째 나팔 심판에서 황충의 이가 사자의 이 같다(9:8)는 것과 유사하다. 따라서 이러한 사자와의 비교는 이 마병대의 맹렬하고 흉포한 모습을 그려 주고 있다. 입에서 나오는 불과 연기와 유황은 앞의 말 탄 자들의 모습에서 붉은빛, 푸른빛, 유황 같은 노란빛의 경우와 일치한다. 18절에 의하면 이것으로 사람 삼분의 일을 죽이게 된다.

18절 이 세 재앙: 이것은 바로 앞에서 언급한 불과 연기와 유황을 가리킨다. 특별히 이러한 상황을 '재앙'이라고 표현한 것은 출애굽의 열 재앙을 상기시킨다.

19절 이 말들의 힘은 입과 꼬리에 있으니 꼬리는 뱀 같고 또 꼬리에 머리가 있어 이것으로 해하더라: 먼저 입에서 나오는 힘은 18절에서 이미 언급하고 있으므로 생략하고 꼬리의 힘에 대해서만 언급하고 있다. 19절에 의하면 꼬리는 뱀과 같다고 한다. 여기에서 꼬리의 힘은 9:10에서 황충이 꼬리에 전갈과 같은 능력이 있어 다섯 달 동안 사람들을 해하는 권세가 있다는 것과 유사하다.

20-21절 이 재앙에 죽지 않고 남은 사람들은 손으로 행

한 일을 회개하지 아니하고…회개하지 아니하더라: 하나님의 심판에도 불구하고 그들이 회개하지 않은 것에 대해 전혀 이상해 할 필요가 없다. 심판의 목적이 회개하게 하는 것이 아니었으므로 그들이 회개하지 않는 것은 당연하다. 이러한 모습은 세상이 심판을 받기에 합당할 만큼 강퍅하며 따라서 하나님의 심판이 정당하다는 것을 입증해 주고 있다.

묵상 여행

종말의 이 시대에 하나님의 심판 의지는 확고하고 분명하다. 그 연월일시에 대한 언급은 구체적인 시점을 지적하려는 것이 아니라 하나님의 심판에 대한 확고한 의지를 보여 주기 위함이다. 반면 사람들은 극대화된 심판의 정황에도 불구하고 회개하기를 거부한다. 타락하여 죄 아래 있는 인간의 당연한 모습이기도 하다. 이러한 정황은 종말의 시대에 하나님의 의로움을 나타냄과 동시에 인간의 사악함을 고발하고 있다. 심판에 대한 하나님의 확고한 의지와 인간의 저항 사이에 팽팽한 긴장이 느껴진다. 이러한 긴장은 영적 통찰력으로만 감지할 수 있다. 많은 현대 그리스도인들의 분주한 마음과 눈은 이러한 긴장을 간과한다. 이러한 긴장은 이 시대를 살아가는 그리스도인으로서의 본분을 각성하게 하며 마음가짐이 흐트러지지 않게 할 것이다. 이것은 깨어 있지 않으면 지나칠 수 있는, 깨어 인식해야 하는 영적 사각지대인 것이다.

나의 결단 :

심판 아래 있는 자들이 회개하지 않는다면, 심판 아래 있지 않은 자들이 하나님 앞에 깨어 지속적으로 회개하는 것은 참으로 중요하다. 그러므로 회개는 하나님과의 관계에서 보여 줄 수 있는 마땅하고 자연스러운 반응이다. 나는 오늘도 하나님과의 관계에서 회개해야 하는 것이 무엇인지 찾고자 한다.

Day 19

열린 두루마리 :
하나님의 구속 역사의 온전한 성취

10:1-11
찬송 330 (통 370)

묵상 열기

5장에서 인봉되어 있던 두루마리가 10장에서는 열려 있다. 이러한 관계는 무엇을 의미하는 것일까? 이러한 관계는 오늘 본문을 이해하는 데 매우 중요한 이슈이다. 요한은 이 열린 두루마리를 먹으라고 요청받는다. 그리고 열방을 향하여 예언의 사역을 하도록 부르심을 받는다. 이것이 던져 주는 메시지는 무엇일까?

본문 여행

1절 힘 센 다른 천사가 구름을 입고 하늘에서 내려오는데 그 머리 위에 무지개가 있고 그 얼굴은 해 같고 그 발은 불기둥 같으며: 힘센 천사를 묘사한 구름, 무지개, 태양 등은 이 천사의 신적 위엄을 보여 준다. 이 천사는 하나님의 구속적 메시지를 대신하는 존재이기에 하나님의 모습을 반영하고 있다.

2절 펴 놓인 작은 두루마리: '작은 두루마리'는 5장에 나오는 '두루마리'와 같은 의미이다. 그런데 5장에서는 봉인되었던 두루마리가 10장에서는 펼쳐진 것으로 묘사된다. 그 이유는 6-8장에서 봉인된 두루마리의 일곱 인을 어린 양이 이미 떼었기 때문이다. 이는 그리스도로 인해 하나님이 약속하신 종말적 하나님의 나라가 이미 도래했음을 보여 주고, 그것이 이제 증거될 준비가 되었다는 것을 보여 준다.

그 오른발은 바다를 밟고 왼발은 땅을 밟고: 여기에서 '땅'과 '바다'는 땅 전체를 가리키는 것으로, 우주적 의미로 이해할 수 있다. 그래서 이 땅과 바다에 발을 대고 있는 힘 센 천사를 통해 전달되는 메시지가, 땅과 바다를 포함하는 온 세상을 향한 것임을 의미한다.

3절 사자가 부르짖는 것같이 큰 소리로 외치니: 사자와 같은 큰 소리는 구약에서 하나님께서 부르짖는 것을 묘사할 때 종종 사용된 표현이다. 따라서 힘센 천사의 외침은 하나님의 음성을 대신한다.

일곱 우레가 그 소리를 내어 말하더라: '우레'는 시편 29:3에서 하나님의 보좌로부터 발하여지는 그분의 영원한 통치를 나타낼 때 사용되었는데, 이로써 '우레'의 소리가 온 땅을 향한 하나님의 계획을 드러냄을 알 수 있다. '일곱'이라는 숫자를 통해 일곱 우레 또한 인, 나팔, 대접 심판에 더해지는 또 하나의 일곱 심판임을 알 수 있다.

4절 말한 것을 인봉하고 기록하지 말라: 인봉된 두루마리의 인을 떼어 책이 열리는 것을 보여 주는 것이 요한계시록의 본래 목적이다. 그런데 이 문구에는 정반대의 요청이 있다. 그 이유는 하나님의 인을 맞지 않은 자들을 배후에서 조종하여 자신을 경배하게 한 사탄에게, 치명적인 결과를 가져올 수 있는 좀 더 완벽한 심판을 예고하기 위함이다. 그것은 대접 심판에서 자세하게 기록한다.

6절 창조하신 이를 가리켜 맹세하여 이르되 지체하지 아니하리니: 창조주를 가리켜 맹세한다는 것은 모든 것에 통치권을 가지시는 하나님으로 맹세한다는 뜻이다. 이와 관련하여 지체하지 않는다는 것은, 이어지는 7절의 마지막 일곱 번째 천사가 나팔을 부는 날이 필연적으로 오게 될 것을 뜻한다. 구속 사역의 성취에 대한 하나님의 강력한 의지를 반영한다.

7절 하나님의 그 비밀이 이루어지리라: '비밀'은 구약에서 종종 장래 일로서 후일에 반드시 될 일을 나타내는 단어로 사용되었다. 결국 이것은 하나님 나라의 도래를 뜻하며, 이 비밀이 이루어지는 시기는 봉인된 책을 펼치신 어린 양이 오신 때부터이다. 그러나 이는 아직 완성된 것은 아니며 앞으로 '이루어질 것'인데, 그 완성의 시기는 바로 예수님의 재림 때이다.

8절 바다와 땅을 밟고 서 있는 천사: 10:2의 힘센 천사와 동일한 천사이다. 이 천사를 통해 전달되는 메시지의 의미가 땅과 바다를 포함하는 온 세상을 향한 것이라면, 이 천사가 요한의 선지적 부르심의 장면에 등장하는 것은 요한의 사역이 온 세상을 향하여 확장되어야 하는 것임을 나타낸다.

9절 작은 두루마리를 달라 한즉: 두루마리는 힘센 천사의 손에 펴져 있던 책을 의미한다. 요한계시록의 앞부분(5장)을 참고해 볼 때, 이 두루마리는 하나님으로부터 시작하여 어린 양 예수님에게로, 또 힘센 천사에게로 전달되어 마지막으로 요한에게 온다. 이러한 전달 과정과 그 결과는 결국 하나님 나라의 오심에 대한 선포가 요한에게 위임되고 있음을 보여 준다.

9-10절 먹어 버리라. 네 배에는 쓰나 네 입에는 꿀 같이 달리라…갖다 먹어 버리니 내 입에는 꿀 같이 다나 먹은 후에 내 배에서는 쓰게 되더라: 이 장면은 에스겔 3:1-3처럼 선지적 부르심의 의식이다. 시편의 말씀처럼 하나님의 말씀은 꿀보다 훨씬 더 달다(시 119:103). 요한이 이 말씀을 먹을 때 입에서 꿀처럼 달았다는 것은 말씀을 묵상함으로 영혼이 소성케 되는 경험을 했다는 의미이다. 반대로 이것이 배에 들어가서 쓰게 되었다는 것은 선지자로서 말씀을 선포하고 행하려 할 때 현실적으로 경험할 수밖에 없는 핍박과 심적인 고통을 의미한다. 따라서 본문은 하나님의 말씀을 대언하는 모든 사람은 이와 같은 이중적인 경험을 할 것이라고 말하고 있다. 또한 에스겔 3:3에서는 입에서 달기가 꿀 같다고만 하였으나 요한계시록에서는 배에서 쓰다는 표현을 창의적으로 첨부한다. 이것은 요한계시록에서 그것의 정황에 맞게 좀 더

구체적으로 발전시키고 있는 것이다.

11절 네가 많은 백성과 나라와 방언과 임금에게 다시 예언하여야 하리라: 여기에서 '다시'라는 말은 요한이 하나님께서 주신 메시지를 또 한 번 전달해야 한다는 뜻이다. 2-3장에서 그 메시지를 교회 공동체에 예언했다면, 이제는 그 대상을 바꿔 많은 민족과 나라와 언어와 왕들에게 예언해야 한다. 다니엘 7장은 민족과 나라와 언어와 왕들에 대한 주권이 짐승을 대표하는 세상 제국들로부터 인자와 같은 이에게로 옮겨온다는 내용을 담고 있는데, 요한계시록 또한 이 내용을 배경으로 삼고 있다. 곧 요한에게 요구되는 예언의 사역은 세상에 속한 많은 백성과 나라와 방언과 임금들을 하나님의 통치 아래로 들어오도록 하는 것이 목적이다.

묵상 여행

인봉되었던 두루마리가 열려 있다. 이것은 하나님 나라의 종말적 도래를 의미하고, 동시에 이에 대한 증거의 책임을 요구한다. 이것은 결코 가벼운 것이 아니다. 그러므로 소홀히 여기거나 무시할 수 없다. 요한은 에스겔처럼 환상 중에 선지자로서 이에 대한 부르심의 의식을 치르고 있다. 두루마리를 먹자 입에서는 달지만 배에서는 쓴 것을 경험한다. 이 예언의 사역에는 형통함이 있지만 고난도 기다리고 있다는 의미이다. 일곱 교회를 향하여 선지적 메시지를 선포했던 요한은 이제 모든 나라가 하나님의 통치 안에 들어오도록 다시 예언의 사역으로 부르심을 받는다. 요한에게 일어난 모든 과정은 이 시대의 교회가 계승해야 하는 모델이다.

나의 결단:

예언 사역의 목적은 하나님의 통치를 열방에 드러내는 것이다. 이것을 요한을 모델로 보여 주고 있다. 나는 하나님의 영광을 위하여 하나님 나라의 종말적 도래에 대한 열방을 향한 예언 사역의 부르심에 응답할 준비가 되어 있는가? 쓴맛과 단맛을 모두 보더라도 이에 기쁘게 응답할 의지가 있는가?

십자가의 길을 가는 두 증인

11:1-13
찬송 349 (통 387)

묵상 열기

교회 공동체는 요한에게 주어진 예언 사역을 계승한다. 교회가 이 예언 사역을 감당하게 될 때 요한이 경험한 것처럼 쓴맛과 단맛을 다 보게 된다. 왜냐하면 증인으로서 교회 공동체는 참 증인이신 예수님이 가신 길을 따라가기 때문이다. 오늘 그 현장을 보게 될 것이다. 그리고 그러한 삶의 결과도 보게 될 것이다.

본문 여행

1-2절 하나님의 성전과 제단과 그 안에서 경배하는 자들을 측량하되 성전 바깥 마당은 측량하지 말고 그냥 두라. 이것은 이방인에게 주었은즉 마흔두 달 동안 짓밟으리라: 본문에서 측량하는 부분과 측량하지 않는 부분이 나뉜다. 측량하는 부분은 하나님께서 보호하시겠다는 것이고, 측량하지 않고 이방인들에게 짓밟히도록 하시겠다는 것은 고난 가운데 있도록 하시겠다는 것이다. 이 두 가지 측면은 교회 공동체에 적용된다. 마흔두 달은 초림부터 재림까지 기간으로서 이 기간 동안 교회가 존재하는 두 가지 측면을 성전의 이미지를 통해 표현하고 있다.

3절 나의 두 증인에게 권세를 주리니 그들이 굵은 베옷을 입고 천이백육십 일을 예언하리라: 두 증인이 예언하는 기간으로 묘사된 1,260일은 11:2에서 성전 밖 마당이 짓밟히는 마흔두 달과 같은 기간이다. 따라서 두 증인의 예언사역은 성전 마당이 짓밟히는 기간 동안에 이루어진다. 두 증인의 길에 고난이 예비 되어 있음을 암시한다. 여기에서 예언 사역은 10:11의 요한의 예언 사역과 동일하여 두 증인이 요한의 예언 사역을 계승하고 있음을 보여 준다. 베옷을 입는다는 것은 이 증인들의 주된 사역이 회개의 사역임을 알게 해 준다.

4절 그들은 이 땅의 주 앞에 서 있는 두 감람나무와 두 촛대니: 두 증인의 정체가 밝혀진다. 곧 촛대는 교회를 의미하는 것으로 사용된다(참조. 1:20). 두 감람나무는 스가랴 4:10을 배경으로 하여, 기름부음 받은 자인 왕 스룹바벨과 제사장 여호수아를 가리킨다. 이 두 감람나무를 두 증인에게 적용함으로써 왕 같은 제사장으로서의 교회 공동체를 의미한다.

5-6절 만일 누구든지 그들을 해하고자 하면 그들의 입에서 불이 나와서 그들의 원수를 삼켜 버릴 것이요…그들이 권능을 가지고 하늘을 닫아 그 예언을 하는 날 동안 비가 오지 못하게 하고 또 권능을 가지고 물을 피로 변하게 하고 아무 때든지 원하는 대로 여러 가지 재앙으로 땅을 치리로다: 이 본문은 구약의 엘리야와 모세를 분명하게 연상시킨다. 이 두 인물을 교회 공동체를 상징하는 두 증

인과 연결시키는 것은 이들이 구약의 엘리야와 모세로 대표되는 선지적 사역을 성취하고 계승함을 보여 주기 위함이다. 동시에 모세와 엘리야가 직면했던 적대 세력과의 필연적 관계를 두 증인도 피할 수 없음을 보여 주고자 한다.

7절 그들이 그 증언을 마칠 때에 무저갱으로부터 올라오는 짐승이 그들과 더불어 전쟁을 일으켜 그들을 이기고 그들을 죽일 터인즉: 두 증인의 예언이 끝났다는 것은 1,260일이 지났음을 의미하며, 이는 예수님의 재림 때가 가까이 왔음을 암시한다. 이때 짐승이 증인을 죽이게 되는데, 이것은 문자적인 표현이 아니라 마지막 때에 하나님의 백성들이 당할 극도의 고난을 상징적으로 묘사한 것이다.

8절 그 성은 영적으로 하면 소돔이라고도 하고 애굽이라고도 하니 곧 그들의 주께서 십자가에 못 박히신 곳이라: 죽임당한 두 증인의 시체가 버려질 곳은 비유적으로 말해서 소돔 또는 애굽이라 불리는 예루살렘이다. 그곳은 바로 예수님이 죽임을 당한 곳이다. 두 증인은 예수님이 죽으신 장소에서 죽게 된다. 이 말은 두 증인의 사역이 예수님의 십자가의 길을 뒤따르는 사역임을 알게 해 준다.

9절 사흘 반 동안을 보며 무덤에 장사하지 못하게 하리로다: 예수님이 사흘 동안 무덤에 계셨던 것처럼 두 증인 또한 사흘 반을 죽은 상태로 있게 된다. 그런데 예수님과 달리 사흘이 아니라 반나절이 추가되었다. 이것은 1,260일 곧 삼 년 반의 기간과 대비되고 있다. 삼 년 반이라는 기간은 두 증인에게는 영광의 기간이지만 사흘 반이라는 기간은 수치의 기간이다. 이 기간 동안 그들을 장사하지 못하게 한다는 것은 곧 그들이 당하는 수치의 극치를 보여 준다. 이것을 통해 증인으로 사는 것은 예수님을 능가하는 고난과 수치를 당할 수도 있음을 알 수 있다.

10절 땅에 사는 자들이 그들의 죽음을 즐거워하고 기뻐하여 서로 예물을 보내리라: '땅에 사는 사람들'은 요한계시록에서 사탄을 좇는 사람들에 대한 숙어적인 표현으로 사용된다. 이들은 두 증인의 비참한 죽음을 보며 기뻐한다. 그들이 증인의 죽음을 기뻐하는 이유는 증인들이 그들에게 심판과 회개의 메시지를 증거 했기 때문이다. 이스라엘 역사 속에서 많은 선지자들이 죽임을 당한 이유도 회개하기를 싫어하는 죄인들의 증오심 때문이었다.

11절 하나님께로부터 생기가 그들 속에 들어가매: 사흘 반 후에 하나님은 죽었던 증인들을 다시 살리신다. 이것은 증인들의 사역이 죽으시고 부활하신 예수님의 뒤를 따르고 있음을 보여 준다.

12절 이리로 올라오라 함을 그들이 듣고 구름을 타고 하늘로 올라가니: 이 장면은 사도행전 1:9의 예수님의 승천 사건을 연상시킨다. 이것은 단순히 교회의 휴거를 의미하지 않으며 두 증인이 예수님의 승천처럼 하나님의 왕권을 위임받는 영광스런 자리에까지 나아가는 모습을 보여 준다. 그들의 고난을 통한 사역은 결코 헛되지 않다.

13절 그 남은 자들이 두려워하여 영광을 하늘의 하나님께 돌리더라: 이 구절은 하나님의 심판에도 불구하고 회개하지 않던 자들이(참조. 9:21) 두 증인의 사역을 통해 회개하게 되었다는 것을 보여 준다. 두 증인의 사역의 목적이 무엇인지를 간명하게 보여 주는 것이다. 교회 공동체는 고난과 핍박을 무릅쓰고 심판의 말씀을 선포해야 한다. 그러면 그 선포를 통해 땅에 사는 자들이 회개하고 하나님께 돌아올 것이다.

묵상 여행

성전 안과 밖 마당은 너무 대조적인 모습을 보여 준다. 한쪽은 하나님의 보호를 받지만 다른 한쪽은 이방인들에게 짓밟힌다. 이것은 교회 공동체가 증거의 사역을 감당할 때 경험하게 될 이중적 특징이다. 교회 공동체는 예수님의 초림과 재림 사이의 기간 동안 세상을 향하여 심판과 회개의 메시지를 선포할 사명을 부여받았다. 심판과 회개의 메시지이기에 그것을 선포할 때 필연적으로 세상으로부터 저항과 핍박을 받게 되어 있다. 이러한 세상에서 하나님은 교회 공동체로 하여금 요한의 예언 사역을 계승하여 선교적 사명을 감당하도록 하셨다. 그것이 예수님이 가신 길이다. 그러나 두려워하지 않아도 되는 것은 하나님께서 자신을 증거 하는 교회를 보호하시고 대적들을 심판하실 것이기 때문이다. 그러나 그들 중에 남은 자는 마침내 증인들을 통해 회개하게 될 것이다.

나의 결단 :

나는 하나님 나라의 통치를 증거 하는 증인의 삶을 살기로 결심한다. 증인은 고난을 피할 수 없다. 그러나 그것은 피할 수 없는 필연적인 삶이다. 증인의 삶을 살면서 직면할 수 있는 저항을 두려워하지 말자. 고난의 삶에는 부활과 승천에 버금가는 영광이 따른다. 또한 그러한 삶을 통해 남은 자가 회개하기를 소망한다.

일곱 번째 나팔 심판 :
세상 나라가 하나님의 나라가 되다

11:14-19
찬송 31 (통 46)

묵상 열기 :

이 본문은 열려 있는 두루마리, 성전 척량, 두 증인 이야기의 삽입으로 잠시 중단되었던 심판의 메시지를 다시 시작한다. 9:13-21의 여섯 번째 나팔 심판에 이어 일곱 번째 나팔 심판이 마무리되는 장면이 소개된다. 이 본문은 삽입 부분인 두 증인과도 연결해서 읽어야 할 것이다. 심판의 종결 단계에서 일어나는 사건은 무엇일까? 두 증인의 사역의 결과는 무엇일까?

본문 여행 :

14절 둘째 화는 지나갔으나 보라 셋째 화가 속히 이르는 도다: 첫 번째 화는 다섯 번째 나팔 심판을 가리키고 두 번째 화는 여섯 번째 나팔 심판을 가리키는 것으로 간주할 수 있다. 이제 세 번째 화는 일곱 번째 나팔 심판을 가리킨다. 그것은 분명히 '화'를 초래하는 심판의 메시지이다.

15절 세상 나라가 우리 주와 그의 그리스도의 나라가 되어 그가 세세토록 왕 노릇 하시리로다: 일곱 번째 천사가 나팔을 불 때 하늘에서 들려온 소리는 이전의 심판의 메시지와는 전혀 달랐다. 그리스도께서 이제 이 세상을 다스리신다는 것은 이 세상 나라가 그리스도가 통치하는 나라로 바뀌었다는 뜻이다. 하나님을 대적하던 나라가 이제 하나님과 그리스도의 나라가 된 것이다. 9:20-21의 여섯 번째 나팔 심판의 결과와 비교하면 전혀 다른 결과이다. 이러한 변화는 앞서 나온 두 증인의 사역의 결과로 이해할 수 있다. 두 증인의 사역을 통해 이 땅에 사는 자들이 회개하고 하나님께로 돌아오게 되었는데 바로 이것이 세상 나라가 하나님의 나라로 바뀐 증거이기 때문이다.

16절 이십사 장로가 엎드려 얼굴을 땅에 대고 하나님께 경배하여: 이십사 장로들은 11장의 두 증인의 경우처럼 교회 공동체를 나타내는 상징적인 이미지이다. 일곱 번째 심판에 대하여 교회 공동체는 하나님의 다스리심을 높이고 찬양한다.

17절 감사하옵나니 옛적에도 계셨고 지금도 계신 주 하나님 곧 전능하신 이여: 하나님에 대한 호칭은 '장차 오실 이'가 생략되고 그 자리에 '전능하신 우리 하나님'이라는 문구가 대신하고 있다. 그 이유는 이미 하나님이 오셔서 이 문구는 불필요하게 되었고, 대신 종말적 하나님 나라를 완성하심으로 그 전능하신 능력을 나타내신 것을 찬양하고 있다.

친히 큰 권능을 잡으시고 왕 노릇 하시도다: 이것은 15절에서 이 세상 나라가 하나님의 나라가 되었다는 정황을 반영하는 문구이다. 그리고 이 땅을 다스리게 된 것은 이제 완전한 에덴의 회복이 이루어졌음을 의미한다. 하나님은 에덴의 회복을 위하여 이 땅에서 하나님 자신의 통치를 드러내기를 원하신다.

18절 주의 진노가 내려 죽은 자를 심판하시며 종 선지자들과 성도들과 또 작은 자든지 큰 자든지 주의 이름을 경외하는 자들에게 상 주시며 또 땅을 망하게 하는 자들을 멸망시키실 때로소이다: 이 문장은 심판(A)-경외하는 자들에게 상을 베푸심(B)-심판(A')의 구조로 구성된다. 이 구조에서 처음과 마지막은 심판에 대해 말하고 그 중간에 상을 베푸심을 언급한다. 여기에서 상을 베푸심은 심판과 대조되는 의미로서 구원을 의미한다고 볼 수 있다. 그리고 이 문맥에서 중요한 초점은 심판이므로 심판이 더욱 강조되는 것으로 간주할 수 있다. 하나님은 반드시 보응하시는 분임을 보여 준다.

19절 이에 하늘에 있는 하나님의 성전이 열리니: 하늘에 있는 하나님의 성전은 4:1의 '하늘의 열린 문'을 연상하게 하는데, 4:1의 경우에는 예수님의 초림으로 말미암아 이루어진 현상이고 19절의 경우는 예수님 재림의 때 곧 미래적 종말의 때에 일어나는 정황이다. 또한 전자는 후자를 대망하게 한다는 점에서 서로 유기적 의미를 가진다.

성전 안에 하나님의 언약궤가 보이며: 마지막 재림의 때에 하늘에 있는 성전 안에 언약궤가 있다는 언급은 매우 상징적인 의미를 가진다. 역사에 따르면 바벨론의 느부갓네살 왕에 의해 솔로몬 성전이 파괴될 때 언약궤가 사라졌다고 한다. 그런데 유대인들은 이 사라진 언약궤가 이스라엘 회복의 날에 다시 나타날 것이라고 생각해왔다. 따라서 하늘 성전에서 언약궤가 보였다는 것은 바로 이때가 이스라엘의 회복이 성취되는 종말의 때임을 보여 준다. 이어지는 번개와 천둥과 지진 또한 마지막 종말 때에 일어날 현상들을 묘사한 것이다. 이처럼 종말은 그 행위에 따라 상과 멸망이 결정되는 때이며, 세상에 대한 하나님의 통치가 선포되는 때이다.

또 번개와 음성들과 우레와 지진과 큰 우박이 있더라: 이러한 현상은 이미 4:5과 8:5에서 각각 '번개 · 음성 · 우레'와 '우레 · 음성 · 번개 · 지진'으로 묘사되고 있는데, 위의 19c에서는 여기에 '큰 우박'이 덧붙여진다. 8:5과 11:19c에서 공통적인 것은 심판의 마지막 순서인 일곱 번째에서 이러한 기상 현상이 소개된다는 점이다. 그런데 흥미로운 것은 나팔 심판에서 '우박'이 덧붙여져서 심판의 강도가 더욱 강화되고 있음을 시사해 준다. 여기에서 요한은 심판에 대한 기록을 전개해 가는 데 있어 인과 나팔의 관계가 서로 평행적임을 전제하지만, 단편적인 평행이 아니라 인보다는 나팔에 점층적으로 심판의 강도를 더 강화하며 입체적인 병행을 구성한다.

묵상 여행

종말에 나타날 두 증인의 사역의 결과는 현저하다. 하나님의 심판에도 회개하지 않던 세상 나라가 하나님의 나라가 되었다. 그러나 두 증인의 증거를 거부한 자들이 존재한다. 이와 같이 마지막 종말의 때는 세상 나라가 하나님의 나라가 되는 때이며, 하나님의 통치를 받는 자들에게는 구원의 상을 주시며 하나님의 통치를 받아들이지 않은 자들에게는 멸망의 징벌을 주시는 때이다. 심판과 구원이라는 정황이 하나님 나라의 종말적 완성의 계획이라고 할 수 있다. 이러한 순간을 하나님은 그동안 미루고 지연시켜 오셨다. 완성이 지연된 이유는 두 증인의 증거 사역이 온전히 완수되어야 하기 때문이고, 두 증인의 사역을 통해 구원받아야 하는 자들이 구원의 반열에 들어와야 하기 때문이다. 그렇기에 하나님을 떠나 하나님의 반대편에 서 있는 세상에 속한 사람들은 두려워 떨 수밖에 없다. 하나님은 공평하시다. 두 증인의 증거 사역을 통해 그들에게 돌아올 수 있는 충분한 기회를 주신다. 하나님은 두 증인을 통해 무지한 세상을 향해 그들의 언어로 하나님의 구원 계획을 알려 주신다. 그러한 기회를 거부한 세상은 심판에 대해 변명할 수 없다. 그러나 하나님의 증거의 사역을 감당한 교회 공동체는 이 세상에서 고난과 고통을 받지만, 그때에는 하나님의 통치하심을 찬양하고 높이며 기뻐하게 될 것이다.

나의 결단:

만일 지금 주님이 계획하신 마지막 날이 온다면 과연 나는 기뻐하는 자들의 편에 속할 것인가 아니면 두려워 떠는 자들 편에 속할 것인가? 이 질문에 직면하면서 주님의 오심을 준비하는 삶을 살아야 하겠다. 이미 성취된 종말의 시대에 또한 완성될 종말을 기대하면서 충성된 증인으로 살아가기를 결심한다. 그리고 나는 순교적 정신을 가진 증인으로 사는 삶을 통해, 하나님의 심판에도 불구하고 회개하기를 거부하는 강퍅한 세상에 하나님의 통치를 보여 줄 것이다. 하나님 나라의 통치를 누리는 비전을 품고 살 것이다.

영적 전투의 현장(1) :
예수 그리스도의 탄생의 순간

12:1-6
찬송 586 (통 521)

묵상 열기

인류 최초의 영적 긴장은 바로 옛 뱀 사탄이 에덴에서 하와를 유혹할 때였을 것이다. 신약에서 최초의 영적 전투는 바로 예수님의 탄생 순간에 발생한다. 오늘 본문은 바로 이러한 긴박한 순간을 독자들에게 알려 준다.

본문 여행

1절 큰 이적: 이 문구는 '큰 표적'이라고 번역하는 것이 적절하다. 표적이란 그것을 통해 어떤 사실을 알려 주기 위한 목적을 가진다. 특별히 표적이 하늘에서 나타났다는 것은 하늘에 출처를 둔 어떤 대단한 계시가 이 표적을 통해 드러날 것임을 보여 준다.

해를 옷 입은 한 여자가 있는데 그 발 아래에는 달이 있고 그 머리에는 열두 별의 관을 썼더라: 해와 달과 별이 한 여인의 온몸을 둘러싸고 있다. 이것은 창세기 37:9-10의 요셉의 꿈에 등장하는 해와 달과 열한 별(요셉까지 포함하면 열두 별)을 배경으로 한다. 여기에서 해와 달과 열두 별은 각각 요셉의 아버지 야곱과 그의 어머니 라헬 그리고 그를 포함한 열두 형제들, 즉 구약의 이스라엘을 대표하는 열두 지파를 의미한다고 할 수 있다. 열두 지파는 이스라엘을 대표한다는 점에서 구약의 이스라엘을 의미한다고 할 수 있다.

2절 이 여자가 아이를 배어 해산하게 되매 아파서 애를 쓰며 부르짖더라: 출산을 앞두고 고통하는 여인의 모습은 이사야 26:17을 배경으로 하고 있다. 이사야 본문에서 여인의 모습은 힘든 상황 가운데 있는 이스라엘 백성의 처지에 적용되어, 심판 중에 태어날 새로운 이스라엘의 탄생을 기대하는 것으로 묘사된다. 이러한 구약의 약속과 기대는, 요한계시록 12:5의 메시아로서 예수님을 의미하는 아이의 탄생에 적용되어 예수님의 탄생을 통해 이러한 약속의 성취가 이루어졌음을 보여 준다.

3절 큰 붉은 용이 있어 머리가 일곱이요 뿔이 열이라. 그 여러 머리에 일곱 왕관이 있는데: 용은 구약에서 주로 애굽의 바로 왕을 상징하는데(참조. 시 74:13; 겔 29:3), 하나님의 백성을 대적하는 악의 세력을 지칭할 때 쓰인다. 요한계시록에서 '용'은 옛 뱀, 곧 마귀 사탄을 의미한다 (9절 참조). 특별히 용의 머리가 일곱인데 각 머리마다 왕관이 씌워져 있다는 것은 하나님의 주권과 능력을 모방함을, 뿔이 열 개 달렸다는 것은 용이 큰 능력을 가지고 있음을 뜻한다. 이러한 모습은 다니엘 7장에서 하나님을 대적하고 하나님의 백성을 핍박하는 세상 세력을 의미하는 네 마리 짐승을 배경으로 한다.

4절 그 꼬리가 하늘의 별 삼분의 일을 끌어다가 땅에 던지더라: 많은 사람들이 이 구절을 사탄이 천사들의 삼분의 일을 타락하게 만든 것으로 보는데 그것은 올바른 해석이 아니다. 이것은 다니엘 8:10을 배경으로 하며, 대적이 하나님의 백성들을 핍박하는 것을 묘사하고 있다. 따라서 이것은 하나님의 백성과 사탄 사이에 영적 전투가 일어날 것을 예고해 준다.

용이 해산하려는 여자 앞에서 그가 해산하면 그 아이를 삼키고자 하더니: 이제 대적 사탄이 공격하려는 대상이 누구인지 분명해진다. 바로 자신의 출생을 통해서 새 이스라엘인 교회 공동체를 세우실 예수 그리스도이다. 아담과 이스라엘을 파멸로 이끄는 데 일시적 성공을 거두었던 사탄이 그 회복을 위해 오신 예수 그리스도의 탄생을 저지하려고 시도한다. 실제로 헤롯은 예수님이 태어나던 시기에 영아 살해를 통해 예수님을 제거하려고 했다. 이것이 12장에서 소개하려는 영적 전투의 현장이라고 할 수 있다. 다음 구절에서, 이러한 영적 전투의 첫 번째 현장에서 사탄의 공격은 실패로 끝나고 만다.

5절 여자가 아들을 낳으니: 이 구절을 정확하게 번역하면 '여자가 아들 곧 남자를 낳으니'라고 할 수 있다. 이 구절의 '아들'이라는 단어는 메시아를 대망하는 시편 2:7을 배경으로 하며, '남자'라는 단어는 시온을 통한 메시아의 탄생과 메시아 왕국으로서 하나님 나라의 도래를 대망하는 이사야 66:7-8을 배경으로 한다. 곧 예수님의 탄생은 메시아의 도래와 하나님 나라를 이 땅에 도래하게 하는 결정적 계기가 된 것이다.

이는 장차 철장으로 만국을 다스릴 남자라: 이 구절은 시편 2:9을 배경으로 하여 태어난 아기가 바로 세상을 구원하기 위해 오신 메시아임을 보여 준다. 뿐만 아니라 이 구절은 4절에서 예수님을 집어삼키기 위해 기다리는 사탄의 노력이 예수님의 큰 권세 때문에 결코 성공하지 못할 것이라는 점을 밝혀 준다. 이 아이의 탄생은 '여자'의 의미가 구약의 이스라엘에서 신약의 교회로 발전했음을 보여 준다.

그 아이를 하나님 앞과 그 보좌 앞으로 올려가더라: 이 문구는 예수님의 승천을 나타낸다. 예수님을 집어삼키려는 사탄의 공격은 예수님의 승천을 통해서 좌절되었다.

6절 천이백육십 일: 본문에서 아이가 하늘로 올라가고 그때로부터 이 기간이 시작된다. 그렇다면 이 기간의 시작은 예수님의 승천이라고 할 수 있다. 이 기간은 요한계시록 11:1-2에서 성전 밖 마당이 이방인에게 짓밟히는 마흔두 달 동안의 기간인 동시에, 11:3-13에서 두 증인이 증거의 사역을 감당하는 기간과 같다. 따라서 이 기간은 예수님의 초림(승천)과 재림 사이의 기간을 나타낸다. 본문에서 이 기간은 예수님의 승천 이후에 시작되기 때문이다.

하나님께서 예비하신 곳: 아이의 승천 이후에 여자는 광야로 도망한다. 이때 여자는 5절에서 아이 곧 예수님의 탄생으로 새이스라엘 곧 교회 공동체로 그 의미가 발전한다. 왜냐하면 예수님은 구약의 약속으로서, 이스라엘의 성취로 교회를 세우셨기 때문이다. '광야'는 구약의 출애굽 사건을 연상하게 한다. 출애굽 시절 광야는 하나님의 철저한 보호와 임재를 체험한 곳인 동시에 현실적으로는 매우 척박하여 매일 믿음의 싸움을 해야 하는 곳이었다. 그곳에서 이스라엘 백성들이 유일하게 생존할 수 있는 방법은 바로 하나님의 양육을 받는 것이었다. 이러한 정황은 그대로 여자로 상징되는 신약의 교회 공동체에 적용된다. 곧 교회 공동체는 예수님의 초림부터 재림의 때까지 광야 같은 이 세상에서 하나님의 양육을 받는 존재인 것이다.

묵상 여행

용이 출생 순간에 있는 아이를 잡아먹으려고 한 것은, 예수님의 탄생 순간이 영적 전투의 현장이었다는 것을 잘 보여 준다. 예수님의 탄생 순간이 마냥 평화로운 축제 분위기는 아니었음을 알 수 있다. 그 이면에는 치열한 영적 전투가 벌어지고 있었다. 왜 사탄은 예수님의 탄생을 저지하려고 했을까? 여기에서 바로 평행이론을 적용할 수 있다. 그것은 옛 뱀 사탄이 아담과 하와에게 선악과를 먹게 하여 에덴에서 하나님 나라의 통치를 와해시켰던 것처럼, 이제 이 종말의 순간에 하나님 나라의 회복을 위해 오시는 예수님의 탄생을 방해하려는 것이다. 이러한 영적 전투의 현장은 예수님이 십자가의 죽음과 부활 그리고 승천을 통해 하나님 나라의 종말적 도래를 성공적으로 완수하셨음을 보여 주고 있다.

나의 결단:

예수님의 탄생이 영적 전투의 현장이었음을 기억하며, 예수님의 탄생의 의미를 다시 새롭게 되새겨 보며 영적 각성의 기회로 삼아 본다. 성탄절을 흥청망청 세속적 가치에 사로잡혀 보내는 것은 올바른 성탄 축하의 자세가 아니다. 성탄절은 나에게 영적 전투의 현장을 다시 되새겨 보는 각성의 시간이다.

영적 전투의 현장(2) :
하늘과 땅에서 일어난 전쟁

12:7-17
찬송 360 (통 402)

묵상 열기

영적 전투는 예수님의 탄생의 순간에서 멈추지 않는다. 아이가 하늘로 올라가자 하늘에서 전쟁은 또 한 번 발생한다. 이 전쟁에서 용은 하늘에서 쫓겨난다. 하늘에서 쫓겨난 후에도 여자를 공격하기를 멈추지 않는다. 이렇게 치열한 영적 전투의 현장을 오늘 본문에서 보게 될 것이다. 나는 이 영적 전투의 치열한 현장에 있다는 사실을 알고 있는가?

본문 여행

7절 하늘에 전쟁이 있으니 미가엘과 그의 사자들이 용과 더불어 싸울새: 하늘로 장면이 전환된다. 이것은 앞 절에서 묘사한 예수님의 승천 장면과 관련이 있다. 여기에서 승천하신 예수님과 사탄 사이에 전쟁이 일어난다. 이 싸움은 다니엘 10:13, 21에 기록된 바사와 헬라의 악한 천사와 미가엘의 전쟁을 배경으로 한다. 미가엘은 이스라엘을 바사와 헬라의 군대로부터 구원하는 하나님의 군대 장관 역할을 한다. 물론 역사적으로 이스라엘은 바사와 헬라군을 물리치지 못하고 도리어 지배를 받았다. 그러나 요한은 이 다니엘서의 본문을 7절의 용과 그 부하들에 대한 종말적인 전쟁과 연관 지어, 마지막 때의 구원자인 미가엘의 승리를 통해 예수님의 승천으로 말미암은 승리를 설명하고 있다.

9절 옛 뱀 곧 마귀라고도 하고 사탄이라고도 하며 온 천하를 꾀는 자라: 용에 대한 해석이다. 마귀와 사탄은 각각 헬라 말과 히브리 말로 사탄을 뜻하는 단어이다. 본문은 이 사탄을 옛 뱀이라고 하여 창세기에 나오는 뱀과 연결지어 설명한다. 사탄에 관해 사람들을 꾀어서 잘못된 길로 인도하는 자로 묘사한다. 잘못된 길로 가게 한다는 것은 결국 하나님의 뜻에 순종하지 못하게 만든다는 것을 의미한다. 에덴에서 하와를 유혹하여 선악과를 먹게 한 것과 동일한 행위이다.

그가 땅으로 내쫓기니 그의 사자들도 그와 함께 내쫓기니라: 여자의 후손이 뱀의 머리를 상하게 할 것이라는 창세기의 말씀과 같이, 사탄을 상징하는 용과 그의 부하들은 이 하늘의 전쟁에서 참패를 당하여 하늘로부터 쫓겨난다.

10절 우리 형제들을 참소하던 자 곧 우리 하나님 앞에서 밤낮 참소하던 자: '우리 형제들'은 하나님의 백성들을 말한다. 사탄이 하나님 앞에서 밤낮으로 하나님의 백성들을 참소했다는 표현은 사탄의 공격이 얼마나 집요하고 지속적으로 이루어졌는지를 보여 준다. 그러나 이제 그 고소하던 사탄이 쫓겨났다. 이것이 곧 '하나님의 나라와 그리스도의 권세가 이제야 나타나게' 된 이유이다.

11절 우리 형제들이 어린 양의 피와 자기들이 증언하는 말씀으로써 그를 이겼으니: '우리 형제들'은 10절의 참소를 받은 형제들을 가리킨다. 이들이 승리할 수 있었던 이유는 어린 양의 피와 그들이 증언하던 말씀 때문이다. 결국 이로 볼 때 어린 양의 피와 증거의 말씀을 굳게 붙들 때 사탄의 참소하는 공격을 능히 이겨낼 수 있음을 알 수 있다.

12절 하늘과 그 가운데에 거하는 자들은 즐거워하라. 그러나 땅과 바다는 화 있을진저: 하늘에 거하는 자들은 인침을 받고 하나님을 예배하는 교회 공동체를 가리키고, 땅에 있는 자들은 사탄에게 속하여 짐승을 경배하는 자들을 가리킨다. 하늘에 거하는 자들이 승리의 즐거움으로 축제를 벌이는 반면 땅에 있는 자들에게는 땅으로 내어 쫓긴 사탄 때문에 큰 화가 미치게 되었다.

13절 용이 자기가 땅으로 내쫓긴 것을 보고 남자를 낳은 여자를 박해하는지라: 이 본문은 7-12절의 말씀을 요약하면서 약간의 발전을 보여 준다. 곧 4절에서 태어날 아기를 잡아 삼키려고 했던 사탄은 아이를 낳은 여인을 공격하려고 한다. 그 사탄은 하늘에서 쫓겨난 존재이다. 이때의 여자는 교회 공동체를 의미한다.

14절 그 여자가 큰 독수리의 두 날개를 받아 광야 자기

곳으로 날아가: 이 본문은 6절을 7-12절의 맥락에서 재차 설명하고 있는 본문이라고 할 수 있다. 14절의 '광야'와 '양육' 그리고 '한 때와 두 때와 반 때'의 기간은 이 구절이 6절과 동일하게 구성되어 있음을 보여 준다. 다만 신명기 32:11-12을 배경으로 독수리의 힘 있는 모습과 새끼에 대한 보호 본능을, 하나님께서 교회를 보호하시는 관계에 적용하고 있다. 6절과는 다른 이러한 변화는 용이 하늘에서 쫓겨났기 때문이다.

15절 여자의 뒤에서 뱀이: 여기에서 용이 뱀으로 등장하는 것은 뱀과 여자라는 하나의 짝을 이루기 위함이다. 이것은 9절에서 용을 옛 뱀이라고 하여 힌트를 주듯이, 에덴에서 여자 하와를 유혹하여 선악과를 먹도록 한 사탄의 전형으로서 뱀을 연상시킨다.

15-16절 그 입으로 물을 강 같이 토하여 여자를 물에 떠내려가게 하려 하되 땅이 여자를 도와 그 입을 벌려 용의 입에서 토한 강물을 삼키니: 여기에서 '물에 떠내려가다'라는 문구는 출애굽의 홍해 사건을 연상시킨다. 그런데 본문은 출애굽 사건을 거꾸로 적용한다. 출애굽의 홍해 사건에서 하나님은 물로 애굽 병사들을 심판하셨고 아무도 저항할 수 없었다. 이 본문에서는 용이 교회 공동체를 물에 떠내려가게 하려고 한다. 공격자와 피공격자의 위치가 바뀌었다. 이때 하나님은 여자를 보호하시고 용의 공격은 실패로 끝나고 만다. 이것은 출애굽 사건을 역으로 적용하여 영적 전투의 현장에서 교회 공동체를

향한 하나님의 보호하심이 철저하다는 것을 보여 준다.

17절 용이 여자에게 분노하여 돌아가서 그 여자의 남은 자손 곧 하나님의 계명을 지키며 예수의 증거를 가진 자들과 더불어 싸우려고: 여자에 대한 공격이 실패로 돌아가자 용의 분노는 여자의 남은 자손들에게로 향한다. 여기서 우리는 용의 공격 대상이 4절에서는 아기였고, 13절에서는 여자였다가, 17절에서는 여자의 남은 자손들로 바뀌는 것을 알 수 있다. 여자와 여자의 남은 자손들은 모두 교회 공동체를 의미한다. 이 싸움은 재림의 때에 일어나는 종말적인 영적 전쟁을 의미한다. 그러나 이 남은 전쟁을 두려워할 필요는 없다. 왜? 그 이유를 스스로 답하라.

묵상 여행

오늘 본문은 영적 전투의 두 번째와 세 번째 현장을 소개한다. 두 번째 영적 전쟁은 하늘에서 발생한다. 이 전쟁의 핵심은 사탄에게 더 이상 참소할 수 있는 권리가 없다는 것에 있다. 사탄의 참소할 수 있는 권리란 곧 사탄의 죄에 대한 권세를 의미한다. 죄에 대한 권세는 그 어떤 권세보다도 강력하며 파괴적이다. 인간의 모든 문제의 근원에는 바로 죄가 있기 때문이다. 사탄이 죄에 대한 권세를 가지고 파괴적인 참소를 할 때 인간은 절망의 굴레에서 빠져나올 수 없다. 그런데 그러한 사탄이 하늘에서 쫓겨나 더 이상 죄에 대한 권세를 행사하지 못하게 되었다. 이것이 복음이다. 또한 영적 전투의 세 번째 현장을 보여 준다. 이때 영적 전투는 하늘에서 쫓겨난 용이 여자를 공격하는 장면이다. 여자가 교회 공동체를 의미한다면 하늘로부터 쫓겨난 용은 죄에 대한 권세를 박탈당한 사탄을 가리킨다. 이것은 현실로 나타난다. 용이 여자를 물로 공격하려고 했지만 철저하게 실패로 돌아가고 말았다. 이것은 예견된 결과이다. 성도를 향한 사탄의 공격은 실패로 돌아갈 수밖에 없다.

나의 결단:

나는 이기고 있는가? 나는 어쩔 수 없다는 패배주의에 젖어 있지는 않은가? 영적 전투의 현장을 두려워하여 회피하고 있지 않은가? 오늘 본문을 통해 다시 한 번 삶 속에서 영적 전투의 현장에 임하는 자세를 가다듬기 원한다.

짐승의 역습

13:1–18
찬송 323 (통 355)

묵상 열기

오늘 본문은 역설적이다. 짐승이 하나님과 하나님의 신실한 백성들에게 공격을 가하여 승리하는 장면을 기록하고 있다. 이러한 상황은 요한계시록의 교회 공동체에 대한 입장과 다소 모순된 부분이 있다. 오늘 본문 묵상의 주요 포인트는 짐승의 위력이 얼마나 대단한가를 관찰하는 것이다. 한 가지 중요한 질문, 요한이 이렇게 모순된 상황을 연출하고 있는 이유는 무엇일까?

본문 여행

1절 뿔이 열이요 머리가 일곱이라: 12:3의 용의 모습과 동일한 묘사이다. 이러한 일치는 용과 짐승의 밀접한 관계를 의미한다. 열 개의 뿔과 일곱 개의 머리는 다니엘 7장의 네 짐승의 이미지를 조합하고 있다. 하나님을 대적하고 하나님의 백성을 핍박하는 세력이라는 점에서 용과 다니엘의 네 짐승은 공통점이 있다.

2절 내가 본 짐승은 표범과 비슷하고 그 발은 곰의 발 같고 그 입은 사자의 입 같은데: 이 본문 역시 다니엘 7:4–7의 네 짐승의 모습을 조합한 내용이다. 다니엘 7:4–7에 의하면 첫째 짐승은 사자와 같고, 둘째 짐승은 곰과 같고, 셋째 짐승은 표범과 같다고 한다. 이러한 종류의 형상을 요한은 짐승의 전체적인 모습과 발과 입에 각각 적용하여 표현하고 있다.

3절 그의 머리 하나가 상하여 죽게 된 것 같더니 그 죽게 되었던 상처가 나으매: 네로 황제와 관련된 사건을 배경으로 한다. 그러므로 이 언급은 첫째 짐승을 통해 네로 황제를 모델로 한 로마 제국 황제의 캐릭터를 보여 주려는 것이다. 죽었다가 부활하신 예수님을 패러디한 것이다.

5절 짐승이…마흔두 달 동안 일할 권세를 받으니라: 마흔두 달이라는 기간은 12장에서 여자가 광야에서 하나님의 양육을 받는 1,260일과 같은 기간으로 초림과 재림 사이의 기간을 의미한다.

6절 짐승이 입을 벌려 하나님을 향하여 비방하되 그의 이름과 그의 장막 곧 하늘에 사는 자들을 비방하더라: '성전'은 장막을 뜻하는 말로 출애굽 광야생활의 장막을 연상하게 하는 동시에 하나님의 교회 공동체를 가리킨다. '하늘에 있는 모든 이들' 또한 '땅에 사는 자들'과 대조적인 의미로서의 교회 공동체를 의미한다. 따라서 짐승은 하나님을 공격하는 동시에 하나님을 섬기는 교회 공동체를 공격한다.

7절 권세를 받아 성도들과 싸워 이기게 되고: 짐승이 하나님의 백성을 이기는 권세를 받았다는 것은 충격적이다. 그러나 앞서 언급한 바와 같이 이 권세는 하나님에 의해 잠시 주어진 제한적인 권세일 뿐이다. 따라서 짐승의 승리는 표면적이고 일시적인 승리에 불과하다.

8절 죽임을 당한 어린 양의 생명책에 창세 이후로 이름이 기록되지 못하고 이 땅에 사는 자들: 땅에 사는 자들과 생명책에 이름이 기록되지 않은 자들이 동일한 의미로 사용된다. 그들은 모두 짐승에게 경배하게 되어 있다. 그들에게는 적어도 짐승에 의한 고통이 없다.

10절 사로잡힐 자는 사로잡혀 갈 것이요 칼에 죽을 자는 칼에 죽을 것이니: 예레미야 15:2과 43:11을 배경으로 하여 성도들이 피할 수 없이 직면해야 하는 고난의 상황을 천명하고 있다.

11절 또 다른 짐승이 땅에서 올라오니 어린 양 같이 두 뿔이 있고: 1절에 등장한 첫 번째 짐승이 바다에서 올라온 것과 달리 두 번째 짐승은 땅에서 올라오는 것으로 묘사되는데, 이것은 다니엘 7장이 네 짐승을 바다에서, 네 왕을 땅에서 올라오는 것으로 표현하는 것을 배경으로 한다. 그 짐승에게 어린 양처럼 뿔이 있다는 표현은 다니엘 8:4의 두 뿔을 가진 숫양을 배경으로 하며, 두 번째 짐승이 큰 능력을 가진 존재임을 나타낸다.

12절 그가 먼저 나온 짐승의 모든 권세를 그 앞에서 행하고 땅과 땅에 사는 자들을 처음 짐승에게 경배하게 하니 곧 죽게 되었던 상처가 나은 자니라: 두 번째 짐승의 역할은 첫 번째 짐승과 같은 힘을 행사하여 땅에 사는 사람들로 하여금 첫 번째 짐승을 경배하게 하는 것에 있었다. 첫 번째 짐승이 네로 황제를 지칭하고 있으므로, 이러한 짐승의 역할은 당시에 로마 황제 숭배를 촉진하던 이교 제사장을 암시한다.

14-15절 칼에 상하였다가 살아난 짐승을 위하여 우상을 만들라 하더라…짐승의 우상에게 경배하지 아니하는 자는 몇이든지 다 죽이게 하더라: 두 번째 짐승은 로마 황제로 대표되는 첫 번째 짐승의 우상을 만들어 섬기도록 했는데, 실제로 당시에 여신 '로마'의 신상이 소아시아 전역에 걸쳐 세워져 있었다. 이 본문은 황제 숭배를 거부하는 자들이 가차 없이 죽임을 당하는 당시의 냉혹한 현실을 알려 준다.

16-17절 그 오른손에나 이마에 표를 받게 하고 이 표를 가진 자 외에는 매매를 못하게 하니: 오른손이나 이마는 가장 잘 보이는 곳이다. '표'는 '하나님의 인'과 대비되는 표현으로, 짐승의 소유가 되었다는 표시로서 황제 숭배에 굴복했다는 것을 의미한다. 황제 숭배를 거부하면 매매를 할 수 없었다. 로마 중앙정부가 황제 숭배를 거부하는 그리스도인들을 대상으로 공식적으로 경제적 제재를 가한 기록은 없으나 각 지방에서는 이러한 일들이 존

재하였던 것으로 보인다. 특별히 서머나 교회와 빌라델비아 교회는 이러한 어려움을 겪은 교회이다.

18절 그것은 사람의 수니 그의 수는 육백육십육이니라: 헬라어나 히브리어 알파벳은 철자마다 숫자를 가지고 있다. 이름의 알파벳에 해당하는 숫자를 더한 결과를 이름 대신 사용하기도 하였다. 이와 같은 맥락에서 본문은 육백육십육을 짐승의 이름이라고 하며, 이름을 수로 표현한 것이라고 말한다. 여기에서 그 이름의 수가 육백육십육이 되는 유의미한 인물은 네로 황제라고 할 수 있다. 왜냐하면 그는 기독교를 최초로 핍박한 로마 제국의 황제이기 때문이다.

묵상 여행 :

오늘 본문의 분위기는 어둡고 무겁다. 성도들이 하늘에 거하는 하나님의 장막으로 인정되는 공동체임에도 불구하고 짐승에 의해 무참하게 짓밟히는 내용이 소개되기 때문이다. 짐승은 성도들과 싸워 이긴다. 짐승의 표를 받지 않으면, 곧 황제 숭배에 굴복하지 않으면 죽임을 당할 뿐만 아니라 정상적인 경제생활을 할 수 없다. 요한은 왜 이러한 사실을 가감 없이 보여 주고 있을까? 그것은 독자들로 하여금 그들이 처한 환경이 냉혹한 현실이라는 것을 인식시키기 위해서이다. 성도로서 이 세상에 살 때 이 세상에서 직면할 수밖에 없는 냉혹한 현실을 분명하게 인식하는 것은, 믿음과 인내로 현실을 극복하기 위해 매우 중요한 일이다. 목회자요 설교자인 요한은 그의 청중들에게 이러한 사실을 매우 자세하게 전달하고 있다. 그리고 그러한 냉혹한 현실을 효과적으로 준비하도록 돕고 있다.

나의 결단:

오늘날도 그리스도인이 말씀대로 살려고 할 때 그 현실은 매우 냉혹하다. 믿음의 삶은 악의 세력에 저항한다고 저절로 이루어지지 않는다. 믿음으로 살려는 자들은 세상에 의해 무참하게 짓밟힐 수 있다. 이러한 현실을 깨닫는 것이 믿음으로 살 수 있는 첫걸음이다. 나는 이러한 현실을 외면하지 않고 분명하게 인식하고 직면하기를 원한다. 고난은 피할 수 없는 현실이다. 피할 수 없다면 즐기라!

하늘의 십사만 사천

14:1-5
찬송 249 (통 249)

묵상 열기

교회는 세상 세력에 의해 짓밟히고 마는가? 13장을 볼 때 교회의 현실은 세상 세력 앞에 무기력한 모습처럼 비추어진다. 암담하고 우울하다. 그러나 그것은 표면적인 모습이다. 교회의 세상에 대한 진정한 모습은 무엇인가? 오늘 본문은 우리에게 분명하게 말해 준다. 오늘 본문이 13장에서 무참하게 짓밟히는 교회의 모습을 어떻게 묘사하고 있는지 관찰하는 것이 중요하다.

본문 여행

1절 내가 보니 보라 어린 양이 시온산에 섰고: 어린 양이 시온 산에 서 있는 것은 12:17과 13:1에서 용이 바다 모래 위에 서 있는 것과 대조된다. 용은 땅과 바다를 지배하지만 어린 양은 하늘을 정복하였다. 하늘은 지상을 압도한다. 시온산은 하늘의 시온산을 말하는 것으로 하늘에 속한 교회 공동체의 승리를 묘사한다.

그와 함께 십사만 사천이 서 있는데 그들의 이마에는 어린 양의 이름과 그 아버지의 이름을 쓴 것이 있더라: 144,000은 계 7장에서는 지상에서 전투하는 교회로 소개되었는데, 여기서는 어린 양과 함께 하늘에 거하는 존재로 묘사된다. 이것은 지상적 교회가 천상적인 존재로도 동시에 취급될 수 있음을 뜻한다. 또한 이마에 어린 양의 이름이 기록되어 있다는 것은 13장에서 이마에 짐승의 표를 받은 자들과 대조된다. 곧 그들은 짐승의 표를 받지 않고 황제 숭배를 거부한 자들이며 하나님의 확실한 소유로서 승리한 자들임을 확증해 주고 있다.

2절 내가 하늘에서 나는 소리를 들으니 많은 물소리와도 같고 큰 우렛소리와도 같은데: 이러한 하늘로부터의 소리는 하늘에서 나는 소리의 공통적인 특징으로 소개된다. 이것은 19:6의 하늘에서 들리는 많은 무리의 소리와 동일하다.

내가 들은 소리는 거문고 타는 자들이 그 거문고를 타는 것 같더라: 거문고보다는 '하프'로 번역함이 적절할 수 있다. 거문고 소리는 5:8과 15:2-4의 경우처럼 구원을 노래하는 새노래(3절)와 항상 함께 등장한다. 이러한 맥락에서 14장의 문맥에서 하프를 연주하고 새노래를 부르는 자들은 다름 아닌 구원함을 받은 144,000이라고 간주할 수 있다. 곧 하늘에서 144,000은 그들의 구원을 노래하고 있다.

3절 그들이 보좌 앞과 네 생물과 장로들 앞에서 새 노래를 부르니: 여기에서 "보좌 앞과 네 생물과 장로들 앞"이란 문구는 4장에서 천상적 보좌의 정황을 연상하게 한다. 그러므로 이러한 노래는 천상적 정황을 배경으로 이루어진다고 볼 수 있다. 곧 이러한 노래를 통해 네 생물이 천상적 존재이며, 그들은 천상적 예배의 모습을 보여 준다.

땅에서 속량함을 받은 십사만 사천 밖에는 능히 이 노래를 배울 자가 없더라: '땅에서'는 '땅으로부터'라고 번역할 수 있다. 여기에서 '땅으로부터 속량함을 받았다'는 것은 애굽으로부터 속량함을 받은 이스라엘을 연상하게 한다. 144,000은 바로 이 세상으로부터 속량 받은 자들이다. 새 노래를 배우고 부를 수 있는 자들을 144,000명으로 제한하는 것은 구원의 배타성을 말한다. 이처럼 구원의 기쁨을 노래할 수 있는 존재는 교회 공동체에 속한 자들 밖에는 없다.

4절 이 사람들은 여자와 더불어 더럽히지 아니하고 순결한 자라: 이것은 결혼하지 않은 자들을 말하는 것이 아니라 거룩한 하나님의 백성에 대한 비유적인 표현이다. 구약 성경은 이스라엘을 종종 정결한 처녀로 비유하기 때문이다.

어린 양이 어디로 인도하든지 따라가는 자: 또 이들은 어린 양이 가는 곳이라면 어디든지 따라가는 자들로 묘사되는데, 이는 짐승의 표를 받고 그 짐승의 우상에게 절하는 자들과 절대적으로 다른 존재들임을 보여 준다. 예수님의 발자취를 그대로 따라갔던 11장의 두 증인을 연상하게 한다. 이것은 바로 앞의 '여자와 더불어 더럽히지 아니하고 순결한 자'라는 문구와 매우 잘 조화를 이룬다.

사람 가운데에서 속량함을 받아: 이 '사람 가운데에서 속량함을 받은 자들'이라는 문구는 3절의 '땅에서 속량함을 받은 자들'이라는 문구와 평행된다. 그리고 동시에 요한계시록 5:9의 "각 족속과 방언과 백성과 나라 가운데에서"와 평행이 되어 144,000의 무리가 이스라엘 민족에게만 제한된 것이 아님을 보여 준다.

처음 익은 열매로 하나님과 어린 양에게 속한 자들: '처음 익은 열매'는 구약에서 처음 추수한 것 중에서 가장 좋은 것을 하나님께 드리는 모습을 반영하고 있다. 신약에서는 처음 익은 열매를 주로 예수를 믿어 하나님의 백성으로 편입된 사람들을 묘사할 때 사용하였다. 따라서 '첫 제물로 바쳐진' 사람들이라는 표현 속에는 이들이 이미 하나님의 백성이라는 것과 동시에 그들을 통해 계속적인 추수의 열매가 맺힐 것이라는 의미가 존재한다. 계시록이 바라보는 교회 공동체는 이처럼 그 수가 이미 결정되어 있지만, 동시에 충만한 숫자에 이르기까지 채워져 가야 하는 존재이다. 여기에서 하나님과 어린 양이 나란히 위치한 것에서 어린 양 예수님이 하나님과 동등된 분이심을 분명하게 드러내 준다.

5절 그 입에 거짓말이 없고: 그들의 입에 거짓이 발견되지 않는다. 이사야 53:9과 스바냐 1:3에서 남은 자에 대한 묘사를 반영한다. 남은 자는 그 입에 궤사가 없다.

흠이 없는 자들이더라: 그리고 흠이 없다는 것은 4절에서 하나님께 드리는 구별된 제물로서 '처음 익은 열매'와 연결된다. 하나님께 드리는 제물은 흠이 없어야 하기 때문이다. 그 입에 거짓이 없어야 하는 것도 역시 흠이 없는 제물이 되어야 하기 때문이다.

묵상 여행

교회 공동체는 지상에 존재하는 동안에는 어쩔 수 없이 세상의 악과 더불어 싸워야 하는 힘겨운 과정을 지내야 한다. 악의 세력에 의해 죽임을 당하기도 하고 잡혀가기도 하고 사회적으로 고립되기도 한다. 이것이 교회 공동체가 이 세상에서 마주하는 현실이다. 그러나 동시에 그들은 승리한 존재로 취급되어 하늘 보좌 앞에서 구원의 노래를 부른다. 이것도 현실이다. 그러나 요한계시록은 이러한 승리의 현실이 고난과 핍박의 현실을 압도하는 것으로 소개한다. 아니 압도해야 한다고 촉구한다. 왜냐하면 예수 그리스도의 십자가의 죽음과 부활 그리고 승천이 있기 때문이다. 하늘에서 구원의 새노래를 부를 수 있는 자들은 여자와 더불어 죄를 짓지 않고 어린 양의 명령에 그대로 순종한 자들로 제한된다. 요한은 당시의 그리스도인들이 이러한 천상적 정체성을 깨닫고 그 능력에 힘입어 정결하고 흠 없는 거룩한 삶을 치열하게 살아 낼 수 있도록 격려한다.

나의 결단 :

나는 어떤 현실을 선택할 것인가? 지상의 현실인가? 아니면 천상의 현실인가? 지상의 현실은 냉혹할 수 있다. 그러나 성경은 또 다른 현실에 대한 관점을 제공한다. 그것은 하늘이다. 하늘에서 승리한 교회 공동체의 천상적 정체성이다. 하늘의 역동성을 지상의 혹독한 삶에서 살아 내는 것이다. 그래서 필요한 것이 믿음과 지식과 결단이다.

짐승과 어린 양, 누가 강한 자인가?

14:6-20
찬송 458 (통 513)

묵상 열기

짐승을 따를 것인가? 어린 양을 따를 것인가? 짐승은 힘이 강력하고 모습이 화려하다. 반면 어린 양은 힘이 약하고 모습도 초라하다. 그래서 많은 사람들이 짐승을 추앙하고 숭배하고 어린 양의 연약한 모습을 경멸한다. 오늘 본문은 우리에게 누구를 따르라고 요청하는가?

본문 여행

6절 다른 천사가 공중에 날아가는데…모든 민족과 종족과 방언과 백성에게 전할 영원한 복음을 가졌더라: 천사는 하늘 높이 공중에 있다. 원래 공중은 8:13에서 독수리가 날아다니며 화를 선포했던 영역이다. 하늘에 날아다니면서 기쁜 소식을 전하는 천사의 모습은, 사탄이 통치했던 영역을 이제 하나님의 통치가 압도하고 있음을 보여 준다. 또한 천사가 모든 나라와 민족과 종족에게 기쁜 소식을 전한다는 것은 하나님의 통치가 세상 끝까지 확대되는 것이 목적임을 보여 준다.

7-8절 7) 그의 심판의 시간이 이르렀음이니… 8) 무너졌도다. 무너졌도다. 큰 성 바벨론이여: 7절에서 천사가 전

한 기쁜 소식은 곧 회개를 촉구하는 경고의 메시지이며, 이 경고를 통해 하나님께만 영광과 경배를 올려드리는 삶을 살도록 촉구한다. 그리고 8절에서 두 번째 천사는 바벨론의 멸망을 선포한다. 여기서의 바벨론은 당시에 '로마'를 가리킬 때 사용되던 단어이다. 로마는 대제국이라는 교만함을 가지고 하나님의 백성의 피를 흘리게 할 뿐 아니라 다른 나라들이 하나님의 백성을 핍박하도록 주도하던 국가였다. 이 본문은 그들이 이 일로 하나님의 진노를 사게 되어 멸망하게 될 것을 선포한다.

9-11절 만일 누구든지 짐승과 그의 우상에게 경배하고 이마에나 손에 표를 받으면 그도 하나님의 진노의 포도주를 마시리니: 또 다른 천사의 선포는 13장과 관련해서 짐승의 표를 받고 경배하는 자들을 향한 심판에 초점을 맞춘다. 큰 성 바벨론만 멸망당하는 것이 아니라 바벨론의 유혹과 협박에 굴복하여 짐승의 표를 받는 모든 사람들, 곧 황제를 숭배하며 추종하던 자들 또한 진노의 포도주를 마시게 된 것이나 마찬가지이다.

12절 성도들의 인내가 여기 있나니 그들은 하나님의 계명과 예수에 대한 믿음을 지키는 자니라: 이 구절은 성도들의 인내와 믿음을 언급한 13:10을 연상하게 한다. 13:10은 짐승의 핍박으로 인해 성도들이 죽임을 당하는 일이 있더라도 끝까지 고난을 인내하고 견뎌야 함을 말한다. 이때 끝까지 참고 견디지 못하면 영원한 죽음에 이르게 된다. 이 본문도 같은 정황을 반영한다. 인내와 믿음은 동전의 양면이다. 인내 없이 믿음을 말할 수 없다.

13절 지금 이후로 주 안에서 죽는 자들은 복이 있도다. 성령이 이르시되 그러하다 그들이 수고를 그치고 쉬리니 이는 그들의 행한 일이 따름이라 하시더라: '지금 이후로'는 요한이 살던 시대부터 마지막 때까지를 모두 포함하는 기간을 의미한다. '주 안에서 죽은 자'는 짐승 숭배를 거부하고 어린 양만을 따르는 믿음을 지키다가 죽은 순교자들을 말한다. 성령은 그러한 삶이 복 있는 삶이라고 선포한다. 그 이유는 그들이 수고를 그치고 쉴 것이기 때문인데, 이는 그들의 '착한 행실'로 인함이다. 여기서 '착한 행실'은 12절에 소개되는 것처럼 '하나님의 명령을 지키고 예수님을 끝까지 믿고 따르는 것'을 의미하고, 동시에 그들이 쉼 없이 죽기까지 신실하게 살았다는 것을 의미하기도 한다. 이러한 사실은 '그러하다'라는 단어에 의해 확증되고 강조된다. 이것은 11절에서 짐승과 우상에게 경배하고 짐승의 표를 받은 자들과 대조된다. 그들은 짐승의 표를 받고 이 땅에서 잠시 영화를 누렸을지 모르지만, 결국 밤낮 쉬지 않고 피어오르는 고통의 연기 때문에 영원히 쉬지 못하게 된다.

14절 내가 보니 흰 구름이 있고 구름 위에 인자와 같은 이가 앉으셨는데: 구름 위에 앉아 있는 사람의 아들의 모습은 다니엘서를 배경으로 하며, 예수님을 표현하는 전형적인 말이다. 특별히 여기에서 예수님은 손에 날카로운 낫을 들고 추수를 준비하시는 분으로 묘사되는데, 왕권을 가지신 분으로서 구원받을 자들을 불러 모으시는 장면을 보여 준다.

15-16절 당신의 낫을 휘둘러 거두소서. 땅의 곡식이 다 익어 거둘 때가 이르렀음이니이다…구름 위에 앉으신 이가 낫을 땅에 휘두르매 땅의 곡식이 거두어지니라: 성전에서 나오는 천사가 예수님을 향하여 외치는 일종의 간청이다. 여기서 말하는 추수는 심판이 아닌 구속을 의미하며, 14:1-5에서 144,000에 대한 묘사로 사용된 '처음 익은 열매'와 연결된다. 왜냐하면 처음 익은 열매는 곧 추수의 시기가 올 것을 전제하기 때문이다. 144,000의 존재는 마지막 날에 모든 하나님의 백성이 추수되어 구원에 이르게 될 것이라는 확신을 제공하는 역할을 한다. 결국 구름 위에 앉으신 이가 낫을 휘둘러 땅의 곡식을 추수하게 된다. 이는 예수님의 구원 사역의 완성을 보여 준다. 이것은 짐승에게 고난받는 성도들에게 절대적 희망이다.

17-18절 또 다른 천사가 하늘에 있는 성전에서 나오는데 역시 예리한 낫을 가졌더라…네 예리한 낫을 휘둘러 땅의 포도송이를 거두라. 그 포도가 익었느니라: 다른 천사는 또한 '예리한 낫'을 가지고 있다. 이것은 15-16절에서 흰 구름 위에 앉은 인자 같은 이가 가진 날카로운 낫과 동일하게 표현되고 있다. 그러나 그 낫의 용도는 첨예하게 다르다. 전자는 심판을 위한 것이지만 후자는 구원을 위한 것이다. 심판의 대상은 짐승의 추종자들이고 구원의 대

상은 하나님을 끝까지 믿고 어린 양을 따른 자들이다.

20절 성 밖에서 그 틀이 밟히니 틀에서 피가 나서 말 굴레에까지 닿았고 천육백 스다디온에 퍼졌더라: 이 본문은 앞서 언급된 심판이 얼마나 끔찍한 것인지를 묘사하고 있다. 포도가 포도주 틀에 들어가 으깨어졌는데 거기서 나오는 것이 포도주가 아니라 피였으며, 피가 얼마나 많이 나왔던지 그 높이가 말의 굴레 정도 높이까지 찼고, 넓이는 천육백 스다디온 밖까지 흘러나갔다고 묘사된다. 천육백이라는 숫자는 $4 \times 4 \times 10 \times 10$으로 분해할 수 있다. 계시록에서 '4'는 세상 전체를 의미하는 우주적인 숫자이며, '10'은 모든 세상 세력을 의미한다. 따라서 천육백이라는 숫자는 심판이 우주 전체를 대상으로 하며, 또한 그 심판의 대상이 세상의 왕들이라는 것을 보여 준다.

묵상 여행:

그리스도인의 삶은 이미 구원받았지만, 동시에 마지막 날까지 그 구원을 지키는 삶이다. 그리스도인이 받은 구원은 계명을 지키는 삶의 노력이나 믿음을 저버리지 않으려는 결단의 고통을 면제해 주지 않는다. 기쁜 소식에는 항상 회개와 돌이킴의 메시지가 포함되어 있다. 그리스도인들은 이것을 기억하며 거대한 세력인 바벨론과 짐승의 유혹으로부터 자신을 지키려 애써야 한다. 이 세상에서 짐승의 달콤한 유혹에 넘어가 부와 명예를 주는 황제 숭배와 우상 숭배를 하게 된다면 잠시 편안하고 안락한 삶을 누릴 수 있다. 하지만 그러한 자들은 하나님의 진노의 포도주의 독배를 피할 수 없게 될 것이고, 이 세상에서의 잠깐 동안의 안락한 삶 후에는 영원한 고통을 당하게 될 것이다. 그러나 반대로 그러한 안락한 삶을 거부하고 잠깐 동안의 고난과 고통의 삶을 택한 자들은 영원한 쉼을 얻게 될 것이다. 무엇을 택할 것인가? 요한은 그의 독자들에게 선택을 요구하고 있다.

나의 결단 :

오늘날도 짐승은 형태 없는 괴물로 탐욕의 바다를 이루고 있다. 혹시 내가 탐욕에 눈이 멀어 짐승을 좇는 삶을 살고 있었다면 이제 그 탐욕의 바다로부터 용렬하게 헤엄쳐 나와 진리와 순종의 배에 올라탈 것이다. 나의 내면에서 용솟음치는 탐욕을 직시하고 물리칠 수 있도록 성령님의 도움을 구하자.

Day 27

하늘의 이긴 자들과 대접 심판

15:1-8
찬송 488 (통 539)

묵상 열기

15장은 16장의 대접 심판의 서론 부분이다. 대접 심판이 시작되는 서두 부분에서 하늘의 승리한 자들의 모습이 소개된다. 왜 대접 심판을 선포하는 도입 부분에서 승리한 자들을 소개하고 있는 것일까? 심판과 이긴 자의 조합이 이루어지고 있는 이유는 무엇인가?

본문 여행

1절 마지막 재앙이라. 하나님의 진노가 이것으로 마치리로다: '마치다'의 원래의 뜻은 '완성한다'는 의미이다. 여기에서 '완성되다'는 문학적 의미에서도 생각하는 것이 필요하다. 곧 요한계시록 내에서 인·나팔 심판 시리즈와 대접 심판 시리즈 후에 더 이상 심판 시리즈에 대해서 말할 내용이 없다는 것이다. 이제 대접 심판으로 심판 시리즈는 마무리될 것이다.

2절 불이 섞인 유리 바다 같은 것: 불이 섞인 유리 바다는 4:6에서 하늘의 성전을 묘사하는 '수정 같은 유리 바다'의 변형된 표현이다. 이 문맥이 심판의 문맥이므로 수정 같은 유리 바다가 불이 섞인 유리 바다가 되어 버린 것이다. 이 바다는 이 문맥에서 구약의 홍해와 동일한 의미를 갖는다.

짐승과 그의 우상과 그의 이름의 수를 이기고 벗어난 자들이 유리 바다 가에 서서: 여기에서 짐승과 그의 우상과 그의 이름의 수가 동격으로 사용된다. 짐승은 네로 황제를 대표 모델로 하여 등장하는 로마 제국의 황제를 의미하고, 그의 우상은 황제 숭배의 화신이며, 그의 이름의 수는 '666'으로 네로 황제의 이름을 숫자로 환산한 것이다. 이 세 가지 요소는 모두 황제 숭배를 강조하여 중복해서 사용된다(13:7; 20:4). 이것을 이기고 벗어났다는 것은 황제 우상 숭배를 거부하고 오직 하나님만을 예배하는 삶을 살았다는 것을 의미한다. 그들은 유리 바닷가에 서 있는데 그것은 마치 출애굽 하여 홍해를 건넌 이스라엘 백성과 평행적 관계를 가진다. 이러한 이긴 자들의 존재는 미래의 기대가 아니라 이미 이루어진 현재적 사건으로 묘사된다.

2-3절 하나님의 거문고를 가지고 하나님의 종 모세의 노래, 어린 양의 노래를 불러: 승리한 자들은 승리를 기뻐하는 모세와 어린 양의 노래를 부른다. 모세를 언급한 것은 이들이 부른 노래가 홍해를 건넌 이후에 모세와 미리암이 불렀던 노래와 같은 성격의 노래임을 보여 준다. 결국 이스라엘 백성들이 애굽 군대의 공격을 이기고 승리하여 마침내 안전한 곳으로 옮겨진 것처럼, 짐승의 도전에 승리한 교회 공동체 또한 짐승의 힘이 미치지 못하

는 안전한 곳인 하늘 성전으로 옮겨져 구원과 승리의 노래인 어린 양의 노래를 부른다.

크고 놀라우시도다. 만국의 왕이시여 주의 길이 의롭고 참되시도다: 이 본문은 같은 내용을 두 번 반복한다. '크고 놀라운 일을 행하신 만국의 왕'과 '주의 길이 의롭고 참되시도다'라는 문구는 서로 평행적 관계를 갖는다. 이 두 문구는 모두 모세의 노래를 기록하고 있는 출애굽기 14:31의 '큰 능력'과 15:11의 '기이한 일'에서 나타나고 있는 문구를 배경으로 한다. 이것은 역시 어린 양의 노래의 배경으로 출애굽 사건에서 모세의 노래를 사용하고 있음을 다시 한 번 확인해 준다.

4절 주여 누가 주의 이름을 두려워하지 아니하며 영화롭게 하지 아니하오리이까: 이 본문은 시편 86:9-10을 배경으로 한다. 여기에서 '두려워하다'와 '영화롭게 하다'라는 표현은 3절의 '하시는 일이 크고 기이하다'와 '주의 길이 의롭고 참되다'라는 사실에 근거한다. 하나님의 하시는 일이 크고 기이하고 그 길이 의롭고 참되므로 누가 그분을 두려워하지 않고, 그 누가 그분을 영화롭게 하지 않을 수 있겠는가?

5절 또 이 일 후에 내가 보니 하늘에 증거 장막의 성전이 열리며: 이 구절의 더 정확한 번역은 '하늘에 있는 증거를 하는 장막, 곧 성전이 열리며'이다. 장막은 광야의 성막을 가리키며, 성막은 종종 증거의 장막으로 불렸다.

'증거'라는 단어는 이 장막 안에 있던 십계명의 두 돌판을 가리키기 때문에 증거의 장막이라는 표현은 하나님의 언약을 기억나게 해 준다. 이 성막은 하늘 성전을 모방한 것이다(출 29:9; 행 7:44; 히 8:5). 여기에서 하늘 성전에 '성막'이라는 표현을 덧붙임으로써 2-4절에서의 모세의 노래와 같이 출애굽이라는 역사적 정황 속으로 독자들을 이끌어 하늘 성전을 좀 더 생생하게 이해할 수 있도록 돕는다.

6절 일곱 재앙을 가진 일곱 천사가 성전으로부터 나와 맑고 빛난 세마포 옷을 입고 가슴에 금 띠를 띠고: 성전은 하나님의 뜻이 정해지는 통치의 발원지이므로, 천사들이 그 속에서 나왔다는 것은 그들 역시 하나님의 뜻을 이행하는 하나님의 천사들이라고 할 수 있다. 또한 천사가 입은 세마포 옷은 천사의 순수성과 영광을 강조하며, 가슴에 두른 금띠는 1:13에서 인자가 가슴에 금띠를 두르고 있는 것과 평행을 이루어 왕처럼 높은 위치를 상징한다. 따라서 이 천사들은 심판주이신 그리스도로부터 심판을 위해 보냄을 받은 자들임을 알 수 있다.

7절 영원토록 살아 계신 하나님의 진노를 가득히 담은 금 대접: 일곱 천사에게 금 대접을 하나씩 준 인물은 네 생물 중의 하나로 소개되고 있다. 네 생물은 계시록에서 하나님의 보좌를 두르는 가장 중심적인 요소 중의 하나이다. 결국 이 심판은 하나님의 심판이라 할 수 있다. 그런데 그 대접에는 하나님의 진노가 가득 담겨 있다. '영원히 살아 계신'이라는 수식어는 이 진노가 얼마나 크고 집요할 것인지를 상상하게 해 준다.

8절 하나님의 영광과 능력으로 말미암아 성전에 연기가 가득 차매 일곱 천사의 일곱 재앙이 마치기까지는 성전에 능히 들어갈 자가 없더라: '연기'는 구약에서 성전에 임한 하나님의 영광을 표현할 때 사용된 '구름'과 연결된다. 이 구름은 출애굽 한 이스라엘을 인도하였으며, 또 성막이 세워질 때 증거막을 덮기도 했다. 그리고 에스겔 10:2-4에서는 하나님의 영광이 성전을 떠날 때 구름이 안뜰과 성전을 가득 채우는 장면을 통해 심판을 암시하는 것으로 쓰였다. 본문에서도 성전에 가득 찬 연기는 하나님의 심판에 대한 거룩한 의지를 보여 준다. 이러한 강렬한 의지는 그 의지가 달성될 때까지는 그 누구도 접근할 수 없는 위엄을 나타내 준다.

묵상 여행

믿음의 고난이 없으면 승리의 기쁨도 그리 크지 않다. 홍해가 처음부터 말라 있었다면 이스라엘 백성들은 홍해를 건넌 뒤에 기쁨의 찬양을 드리지 않았을 것이다. 마찬가지로 이 땅에서 믿는 자들은 아픔과 고통을 겪지만, 이미 하늘의 하나님 앞에 서 있는 자신의 모습에 감동하게 된다. 이 땅에서 겪는 고난은 그때에 가장 큰 기쁨의 찬양을 드리게 하기 위해서라고 할 수 있다. 그러므로 이 땅에서 그리스도인의 삶은 그 기쁨의 순간을 기다리는 것이 아니라 승리의 기쁨을 누리는 시간이어야 한다. 이미 승리는 보장되어 있다. 유리 바닷가에서 모세의 노래에 상응하는 어린 양의 구원의 새노래를 부르는 자들은 바로 신약 성도인 우리 자신이다. 이것은 우리 성도들이 승리를 보장받은 증거이다. 반면 하늘의 성전은 언약의 상징이지만, 또한 준엄한 심판이 결의되고 시행되는 심판의 장소이기도 하다. 물론 심판은 결코 유쾌한 것은 아니다. 그러나 만일 심판이 없다면 언약 또한 무의미해질 수밖에 없다. 심판과 멸망이 없다면 구원의 약속은 불필요해지기 때문이다. 그러므로 구원이 현실인 것처럼 심판도 현실이다.

나의 결단 :

하나님의 백성은 유혹과 핍박이 가득한 세상 속에서도 항상 최후 승리의 약속을 기억하며 넘어지지 않고 믿음의 길을 걸어가야 한다. 또한 그리스도인은 준엄한 심판의 메시지를 기억하고 하루하루를 하나님에 대한 경외감을 갖고 깨어 있어야 한다. 그리고 아직도 알지 못하는 자들에게 속히 증거 할 책임이 있다. 나는 오늘 그 책임을 다하고 싶다.

우주를 대상으로 한 일곱 대접 심판

16:1-9
찬송 349 (통 387)

묵상 열기

16장의 일곱 대접 심판은 두 부분으로 구분된다. 1-9절의 네 개의 대접 심판은 자연계 전체를 뜻하는 땅, 바다, 강과 물 근원 그리고 해에 가해지고, 10-20절의 세 개의 대접 심판은 짐승의 보좌와 유브라데 강 그리고 공중을 향하여 가해진다. 요한계시록에서 심판이란 무엇인가? 종말의 시대에 구원과 함께 심판이 이 세상에 임한다. 특별히 요한계시록에서는 짐승의 표를 받은 자들에게 심판이 집중된다. 이러한 종말적 심판이 어떠한 방식으로 묘사되고 있는지를 살펴보는 것은 흥미롭다. 그러나 이러한 묘사들을 문자적으로 이해하지 않는 것이 중요하다.

본문 여행

1-8절 땅, 바다, 강과 물 근원, 그리고 해: 일곱 대접에 담긴 하나님의 진노는 땅, 바다, 물 그리고 하늘에 있는 해를 향해 쏟아진다. 이 네 가지는 하나님께서 지으신 자연계 전체를 대표하기에, 일곱 대접 심판이 전 우주를 대상으로 하는 심판임을 알 수 있다. 특별히 여기에서 이러한 천체의 붕괴는 심판을 묘사하는 데 있어서 매우

긴요한 방법이다. 하늘과 땅과 바다와 강물과 샘들이 온전히 유지되는 것이 창조 질서의 회복을 의미한다면, 그것들의 붕괴는 심판의 의미를 전달하는 데 매우 효과적이다.

1절 성전에서 큰 음성이 나서 일곱 천사에게 말하되: 이처럼 대접 심판과 관련하여 하나님의 통치의 원천이라고 할 수 있는 '성전'이 자주 언급되는 것은, 최종적 단계로서의 대접 심판에 대한 하나님의 의지를 다시 한 번 강력하게 드러낸다고 할 수 있다.

너희는 가서: 이것은 바로 대접 심판의 성격을 알 수 있는 대목이다. 먼저 '너희는 가서'라고 한 것은 일곱 천사가 하늘 성전으로부터 심판을 위해 보냄 받았음을 보여 준다.

하나님의 진노의 일곱 대접: 일곱 대접을 '진노의 일곱 대접'이라고 하여, 대접 심판을 '하나님의 진노'가 세상을 향해 폭발하는 사건으로 묘사한다.

땅에 쏟으매: '땅'은 단순히 지리적 의미로서의 땅을 가리키는 것이 아니라 사탄의 통치영역으로서의 '땅'을 의미한다고 할 수 있다. 이러한 의미는 13:3, 8과 17:8에서 '생명책에 그 이름이 기록되지 않은 자들'과 '땅에 사는 자들'이 서로 동격을 이루어 그 의미를 분명하게 해 주고 있다. 그리고 13:8에서 "이 땅에 사는 자들은 다 짐승에

게 경배하리라"고 하여 역시 '이 땅'을 짐승의 통치 영역으로 규정하고 있다. 이러한 맥락에서 1b의 "일곱 대접을 땅에 쏟으라"고 한 것은 곧 짐승과 사탄에게 심판을 가할 것을 명령하는 것이다.

2절 첫째 천사가 가서 그 대접을 땅에 쏟으매 짐승의 표를 받은 사람들과 그 우상에게 경배하는 자들: '짐승의 표를 받은 사람들'과 '그 우상에게 경배하는 자들'은 동격의 관계이다. 이것은 로마 제국의 황제를 하나님처럼 숭배하는 자들을 일컫는다.

악하고 독한 종기가 나더라: '악하고 독한 종기'는 출애굽의 열 가지 재앙 중 여섯 번째 재앙인 독종과 같은 것으로, 우상에게 경배한 자들이 받을 심판으로 묘사된다. 출애굽 당시 독종 심판이 애굽 사람들에게만 내린 것처럼, 계시록의 이 심판 또한 하나님의 인침을 받은 자들은 제외되고 짐승의 표를 받은 자들에게만 내려진다.

3절 둘째 천사가 그 대접을 바다에 쏟으매 바다가 죽은 자의 피같이 되니 바다 가운데 모든 생물이 죽더라: 대접이 바다에 쏟아져 피로 변하는 것 또한 출애굽의 첫 번째 재앙을 배경으로 하고 있다. 그러나 강이 아닌 바다에 쏟아졌고 또 그 속에 사는 생명체가 다 죽었다는 점에 있어서 보다 엄청난 심판이라는 것이 드러난다.

4절 셋째 천사가 그 대접을 강과 물 근원에 쏟으매 피가 되더라: 이 재앙은 물이 피로 변한다는 점에서 출애굽의 첫 번째 재앙을 배경으로 하는 두 번째 대접 심판과 유사하다. 그러나 그 대상이 바다 대신 강, 물 근원이다. 여기에서 피의 심판의 반복은 심판의 잔인함을 강조한다.

6절 그들이 성도들과 선지자들의 피를 흘렸으므로 그들에게 피를 마시게 하신 것이 합당하니이다: 이것은 강물과 샘물에 대접 심판이 쏟아진 이후에 물을 관리하는 천사가 하나님의 심판의 정당성을 말하는 부분이다. 여기서 '그들'은 성도들과 예언자들의 피를 흘리게 한 대적자들을 이야기하는데, 하나님께서는 이 피 흘린 자들로 하여금 피로 변한 강과 샘에서 피를 마시게 하심으로 자신의 공의를 세우신다. 이 구절은 하나님의 교회 공동체를 핍박한 자의 최후를 잘 보여 준다.

8절 넷째 천사가 그 대접을 해에 쏟으니 해가 권세를 받아 불로 사람들을 태우니: 사람들을 태워 버릴 만한 엄청난 불의 열기의 심판은 하나님에 의해 주어진 것임을 알 수 있다. 불의 열기 때문에 태워지는 모습은 요한계시록 7:16에 나오는 하늘에 거하는 자들이 '해나 뜨거운 열기에 상하지 않는' 약속을 받는 모습과 대조를 이룬다. 따라서 이 심판 역시 짐승의 표를 받고 경배하는 자들을 향한 것임을 알 수 있다.

9절 사람들이 크게 태움에 태워진지라. 이 재앙들을 행하는 권세를 가지신 하나님의 이름을 비방하며 또 회개하지 아니하고 주께 영광을 돌리지 아니하더라: 심판을 받으면서도 하나님의 이름을 모독하는 이유는 짐승의 사역의 본질이 하나님을 모독하는 것이기 때문이다. 그들은 하나님의 이름을 모독함으로써 회개하지 않고 하나님께 영광을 돌리지도 않는다. 이 심판의 목적은 그들을 회개케 하기 위한 것이 아니다. 이 심판을 통해 그들이 심판 받아야 하는 이유가 더욱 분명해진다.

묵상 여행 :

마지막 심판은 전 우주를 대상으로 하는 하나님의 진노로 충만한 심판이다. 이러한 심판 이야기는 이 시대를 깊이 이해하도록 돕는다. 그리고 이 심판은 짐승의 표를 받은 자들을 향하고, 그 심판의 목적은 하나님의 성도들과 선지자들의 피를 흘린 자들에게 하나님의 공의를 행하기 위한 것이다. 죄가 심각한 만큼, 그리고 하나님의 공의가 확고한 만큼 하나님의 진노는 하늘을 찌르고 땅을 흔든다. 현실이 아무리 부조리하게 보일지라도 하나님은 여전히 살아계시며 심판은 현재 진행 중이고 마침내 그 심판의 칼날은 가시화되어 심판을 비웃는 자들을 압도하게 될 것이다. 그러므로 말씀을 통해 이 시대를 통찰하는 믿음의 사람들은 악인이 승리하는 것처럼 보이는 부조리한 현실 때문에 낙심하지 않는다. 반드시 공의를 행하실 하나님을 기대하면서 끝까지 의로운 길을 걸어갈 수 있다. 그들은 반드시 하나님의 정의가 승리하는 것을 보게 될 것이다.

나의 결단 :

나는 이 세상의 화려함을 볼 것인가? 아니면 그 속에 내재된 심판의 신음을 들을 것인가? 겉으로 드러난 세상의 화려한 모습만 보고 조급해하거나 억울해 하지 말자. 이러한 실체적 현실은 반드시 가시화될 날이 올 것이다.

다섯·여섯·일곱 번째 대접 심판 :
어둠과 아마겟돈 전쟁

16:10-21
찬송 586 (통 521)

묵상 열기

오늘 본문은 다섯 번째에서 일곱 번째에 이르는 대접 심판을 기록하는 내용이다. 이 세 개의 심판 시리즈는 악의 세력의 핵심부를 심판의 대상으로 삼는 것이 공통점이다. 그러므로 오늘 본문을 묵상함에 있어서는 악의 세력의 핵심부가 어디인지 파악하는 것이 중요하고, 따라서 악의 세력은 하나님의 능력에 의해 무참히 심판 받을 수밖에 없는 존재라는 점을 배우는 것도 필요하다.

본문 여행

10절 또 다섯째 천사가 그 대접을 짐승의 왕좌에 쏟으니 그 나라가 곧 어두워지며: 짐승의 왕좌는 요한계시록 13:2에 근거하면 용이 짐승에게 허락하여 자신의 통치를 대신하게 한 곳이다. 그런데 이제 이 짐승의 보좌를 하나님이 심판하신다. 이는 하나님께서 사탄에 대한 심판을 직접 감행하셨음을 보여 주며, 이제 하나님의 구원 역사가 완성될 날이 눈앞에 다가왔음을 알려 준다. 심판의 결과 짐승의 나라가 어두워지고 사람들은 고통을 당하게 되었는데, 이는 출애굽의 아홉 번째 재앙인 암흑과 다섯 번째 재앙인 악질이 섞여 있는 모습이다.

11절 하늘의 하나님을 비방하고 그들의 행위를 회개하지 아니하더라: 심판의 목적이 그들을 회개하게 하는 것이 아니므로 그들이 회개하지 않는 것은 당연하다. 다만 그들이 회개하지 않는 것은 하나님의 심판이 정당하다는 것을 입증해 주고 있다. 21절에서 재앙을 당해도 회개하기는커녕 하나님을 비방하는 것과 동일한 맥락이다.

12절 또 여섯째 천사가 그 대접을 큰 강 유브라데에 쏟으매: 유브라데 강은 당시 로마 제국과 파르티아 제국 사이에 놓여 일종의 전선을 형성하는 곳이었다. 따라서 이 강에 쏟아진 대접은 두 제국 사이의 전쟁의 이미지를 통해 심판의 정황을 설명하려는 목적을 가지고 있다.

13절 또 내가 보매 개구리 같은 세 더러운 영이 용의 입과 짐승의 입과 거짓 선지자의 입에서 나오니: 개구리는 율법에서 더러운 생물로 규정된다. 악한 영이라는 말은 더러운 영이라는 말로 번역할 수도 있다. 이 더러운 영이 짐승과 거짓 예언자의 입에서 나온다는 것은, 이들이 세상을 미혹하기 위한 임무를 부여받은 자들이며, 이들의 뒤에는 용과 두 짐승이 존재한다는 것을 알려 준다.

14절 그들은 귀신의 영이라. 이적을 행하여 온 천하 왕들에게 가서 하나님 곧 전능하신 이의 큰 날에 있을 전쟁을 위하여 그들을 모으더라: 이 악한 영들은 귀신의 영이며, 하나님의 심판의 날에 있을 전쟁을 대비하여 세상의 왕들을 모으는 일을 하고 있다. 여기서 말하는 전쟁은 마지막에 있을 종말적 전쟁이며, 물리적인 전쟁이라기보다는 영적 전쟁이라고 할 수 있다.

15절. 깨어 자기 옷을 지켜 벌거벗고 다니지 아니하며 자기의 부끄러움을 보이지 아니하는 자는 복이 있도다: 이 구절은 마지막에 있을 종말적 전쟁의 때를 어떻게 대비해야 하는지를 말해 준다. 이 종말의 때는 도둑같이 예상치 못한 때에 임할 것이기 때문에 하나님의 백성들은 항상 깨어 있을 뿐만 아니라 옷을 단정히 입고 있어야 한다. 옷을 단정히 입는 것은 하나님의 백성들에게 요구되는 모습을 지키는 것을 의미하고, 반대로 벌거벗은 것은 우상과 짐승을 숭배하는 일에 동참하는 것을 뜻한다 (3:18 참고).

16절 세 영이 히브리어로 아마겟돈이라 하는 곳으로 왕들을 모으더라: 아마겟돈은 므깃도의 산이라는 뜻인데, 므깃도는 구약에서 주로 전쟁이나 심판과 관련하여 사용되는 지명이다. 따라서 악한 영들이 불러 모은 왕들과 하나님 사이의 접전이 이곳에서 일어날 것임을 알려 준다. 그러나 아마겟돈은 결국 사탄과 그의 수하들을 심판하는 장소가 될 것이다. 이러한 점에서 아마겟돈 전쟁은 물리적 전쟁이 아니라 악의 세력을 심판하기 위한 영적 전쟁이다.

17절 일곱째 천사가 그 대접을 공중에 쏟으매: '공중'은 원래 지표면 위에 있는 '대기' 또는 '땅 위의 공간'이라는 의미를 가진다. 따라서 공중은 물리적인 하늘을 가리킬 수도 있지만, 악의 세력과 치열한 영적 다툼이 이루어지는 영역 또는 악의 핵심적인 영역을 가리킬 수도 있다.

큰 음성이 성전에서 보좌로부터 나서 이르되 되었다 하시니: 여기에서 '성전으로부터'와 '보좌로부터'라는 두 개의 문구는 서로 동격의 관계라고 간주할 수도 있고, 전자는 큰 범위이고 후자는 작은 범위로서 일반적인 것에서 좀 더 구체적인 것으로 좁혀 가며 말하는 것이라고 할 수 있다. '되었다'라는 음성은 마지막 일곱 번째 심판 직후에 성전 보좌에서 울려 나온 음성이다. 이것은 15:1의 "하나님의 진노가 이것으로 마치리로다"와 연결되어 대접 심판이 하나님이 계획한 마지막 심판이라는 것을 보여 준다.

18절 번개와 음성들과 우렛소리가 있고 또 큰 지진이 있어: 여기에서 번개, 음성들 그리고 우렛소리는 본래 하늘의 정황을 보여 주는 4:5에서 먼저 일어나고, 일곱 번째 인 심판을 기록하는 8:5과 일곱 번째 나팔 심판의 11:19에서도 동일하게 발생한다. 일곱 번째 인, 일곱 번째 나팔 심판과 동일한 패턴을 보여 주지만, '역사 이래 가장 큰 지진', '한 달란트나 되는 큰 우박' 등의 묘사를 통해 무게감을 더해 주고 있고 심판의 양상이 더욱 심화되었음을 알려 준다.

19절 큰 성이 세 갈래로 갈라지고 만국의 성들도 무너지니…그의 맹렬한 진노의 포도주 잔을 받으매: 이것은 바벨론의 멸망을 묘사한 구절이다. 세 조각으로 나누어지는 것과 무너지는 것은 모두 지진의 결과로 볼 수 있다. 여기서 큰 성은 로마 제국으로 대표되는 바벨론을 의미하며, '온 나라의 도시들'은 그들을 추종하던 나라들을 의미한다. 이는 여섯 번째 대접 심판에서 귀신의 영들이 모은 '온 세계의 왕들'이 심판당하는 것과 연결된다. 그리고 포도주와 심판을 연결하는 것은 이미 14:18-20에 등장했다. 바벨론은 하나님의 종말적 심판을 받는 대상이 되었다.

묵상 여행 :

종말이 가까울수록 사탄은 더 격렬하게 하나님과 교회를 대적하게 될 것이다. 갈수록 세상의 가치관과 이데올로기가 그리스도인들의 삶을 장악하게 되는 것도 이러한 이유 때문일 수 있다. 예수님의 재림이 가까워지는 마지막 때에 사탄과 성도들 사이에서 벌어지는 치열한 영적 전쟁인 아마겟돈 전쟁이 예고되고 있다. 이 순간은 도적같이 올 것이다. 그 전쟁이 언제 올지 알 수 없기 때문에 항상 깨어서 준비해야 한다. '침몰하지 않는 배'로 칭송되던 타이타닉호는 빙산이라는 자연현상을 극복하지 못하고 결국 침몰하고 말았다. 바벨론으로 대표되는 이 세상의 왕국도 쉽게 무너지지 않을 것처럼 보이는 것이 사실이다. 너무도 강력하고 많은 사람들이 따르고 있어서 영원히 지속될 것처럼 보일 때가 많다. 그러나 타이타닉호가 침몰한 것처럼 세상 왕국도 반드시 멸망할 때가 온다. 세상 왕국의 지배자인 사탄이 유한한 존재이고, 하나님은 반드시 사탄을 영원히 심판하실 것이기 때문이다. 지금은 작아 보이고 약해 보이지만, 하나님의 나라는 결국 세상 왕국을 무너뜨리게 될 것이다.

나의 결단 :

영적 전쟁인 아마겟돈 전쟁을 매일의 삶 속에서 대비해야 할 것이다. 이 전쟁을 준비하기 위해 과연 나는 거룩하고 단정한 옷을 입고 있는가? 그렇다면 아마겟돈 전쟁에서 승리를 경험할 것이다. 아니면 벌거벗은 채 부끄러움을 당하고 있는가? 그렇다면 아마겟돈 전쟁에서 부끄러움을 당할 것이다. 이 종말의 시대에 하나님의 백성답게 거룩한 마음가짐의 옷을 입고 마지막 심판을 준비하는 그리스도인을 주님은 찾고 계신다.

큰 음녀, 짐승과 어린 양 그리고 하나님의 주권

17:1-18
찬송 34 (통 45)

묵상 열기

오늘 본문은 결론의 시작으로 로마 제국을 상징하는 음녀 바벨론에 대한 소개와 심판을 기록한다. 특별히 음녀 바벨론의 폭력적 실상을 고발하는 데 초점을 맞춘다. 음녀 바벨론과 짐승과 세상의 열왕들은 한몸이 되어 큰 힘을 발휘하지만, 어린 양에 의해 패배하고 자기 파멸적 속성으로 멸망하여 심판의 길로 접어들게 된다. 이 모든 일에 역사하는 것은 하나님의 주권이다. 오늘 본문을 통해 바벨론의 심판의 현장에서 역사하시는 하나님의 주권적 능력을 목도하게 될 것이다.

본문 여행

1절 큰 음녀: 이 음녀는 구약에서 하나님을 대적하는 대상에 사용되었다. 그들의 행위는 음행이라고 불린다. 이 문맥에서 '음녀'는 '바벨론'을 의인화한 것이다. 바벨론은 이 당시 로마 제국을 일컫는 표현이다.

2절, 6절 2) 땅의 임금들도 그와 더불어 음행하였고 땅에 사는 자들도 그 음행의 포도주에 취하였다… 6) 성도들의 피와 예수의 증인들의 피에 취한지라: 2절에서 음녀로서 바벨론은 세상의 왕들과 함께 하나님을 대적하도록 하는 영적 음란의 죄를 짓는 데 연합하였다. 세상의 왕들뿐만 아니라 온 세상 사람들도 음란의 포도주에 취하여 하나님을 대적하는 음행에 한마음으로 동참한다. 그 다음 6절은 2절의 상황을 설명하는 내용으로, 포도주에 취했다는 것을 예수의 증인들의 피와 성도들의 피를 마시고 취했다고 말한다. 이러한 상황은 음녀 바벨론, 곧 로마 제국이 예수님의 증인들과 성도들을 죽임으로써 핍박했다는 것을 의미한다.

3절 여자가 붉은 빛 짐승을 탔는데: 음녀는 붉은 짐승에 올라앉았다. 곧 음행하는 일에 로마 제국과 황제가 일심동체가 되고 있음을 보여 준다.

4절 자주 빛과 붉은 빛 옷을 입고 금과 보석과 진주로 꾸미고: 음녀는 자신의 몸을 각종 보석과 자극적인 색깔의 옷으로 사치스럽게 장식하고 있다. 이러한 모습은 21:2, 9-23에서 보석과 진주 그리고 정금으로 장식한 신부 새 예루살렘과 비교된다. 음녀는 치장할수록 추하고, 신부는 치장할수록 아름답다.

8절 네가 본 짐승은 전에 있었다가 지금은 없으나 장차 무저갱으로부터 올라와 멸망으로 들어갈 자니: 이 본문에서 짐승의 결말은 멸망이다. 죽었다가 다시 살아나는 신기한 능력을 가졌지만 결국에는 영원히 심판받아 멸망당할 것이다. 이 짐승은 음녀와 함께 만국을 미혹하여 하나님과 그분의 백성을 대적하는 일에 집중해 왔다. 그러나 결국 그러한 존재는 멸망하고 말 것을 본문을 통해 배우게 된다.

10절 **또 일곱 왕이라. 다섯은 망하였고 하나는 있고 다른 하나는 아직 이르지 아니하였으나 이르면 반드시 잠시 동안 머무르리라:** 이 본문은 9절의 일곱 머리 혹은 일곱 산으로 상징되는 일곱 황제에 대한 설명이다. 다섯 황제는 과거의 인물이다. 한 황제는 지금 통치 중이고, 일곱째 황제는 잠시 왔다가 사라진다. 중요한 것은 이 황제들이 구체적으로 누구인지를 아는 것이 본문의 의도가 아니라는 점이다. 그리고 초점은 다음에 소개되는 여덟째 황제에게 맞추어져 있다.

11절 **전에 있었다가 지금 없어진 짐승은 여덟째 왕이니 일곱 중에 속한 자라. 그가 멸망으로 들어가리라:** 여덟째 황제는 일곱 황제 중에 속한 자이다. 그는 과거에 존재했었으나 사라졌다가 다시 등장한다. 8절에서 '전에는 살아 있었으나, 이제는 죽었고 그러나 다시 살아나게 된다'는 표현과 유사하다(참조. 13:3). 그러나 이 여덟째의 결말은 멸망이다. 여기에서 중요한 것은 아무리 죽었다가 살아나고 그를 따르는 자들이 기이하게 여기는 대상이더라도 그 결말은 곧 멸망이라는 것이다.

12-13절 **네가 보던 열 뿔은 열 왕이니…그들이 한 뜻을 가지고 자기의 능력과 권세를 짐승에게 주더라:** '열'이라

는 숫자는 완전성을 가리킨다. 그리고 '뿔'은 권위를 상징한다. 그렇다면 열왕은 문자 그대로 열 명의 왕을 가리킨다기보다는 세상 세력의 막대한 권세를 상징한다고 보아야 할 것이다. 그러므로 열 뿔이 열 왕을 가리킨다고 했을 때 이러한 열 왕이 누구인지는 알 수 없지만 짐승이 온 땅의 왕들의 권세를 장악하고 있음을 보여 준다. 그 열 왕은 아직 나라를 얻지 못하였으나 다만 짐승과 더불어 임금처럼 한동안 권세를 받을 것이다. 짐승과 열 왕은 일심동체이다. 열 왕은 한뜻으로 자기의 능력과 권세를 짐승에게 준다.

14절 그들이 어린 양과 더불어 싸우려니와 어린 양은 만주의 주시요 만왕의 왕이시므로 그들을 이기실 터이요 또 그와 함께 있는 자들도…이기리로다: 어린 양이란 호칭과 만왕의 왕이요 만주의 주라는 호칭은 서로 모순된다. 왜냐하면 어린 양은 매우 약한 모습이기 때문이다. 13장에서 무소불위의 강력한 능력을 가진 존재로 묘사된 짐승은 어린 양에게 패배한다. 이 승리의 원인은 십자가의 능력에 있다. 어린 양의 승리는 바로 어린 양과 함께한 자들의 승리이기도 하다.

16절 이 열 뿔과 짐승은 음녀를 미워하여 망하게 하고 벌거벗게 하고 그의 살을 먹고 불로 아주 사르리라: 음녀와 짐승의 관계는 '음녀가 짐승을 타고 있다'(17:3)는 표현처럼 서로 일심동체의 밀월 관계였다. 그러나 짐승과 열왕이 음녀를 미워하는 전혀 예상하지 못한 일이 발생한다.

이러한 증오의 관계는 음녀 바벨론에 대한 심판의 방법으로, 악의 자기 파멸적 성격을 보여 준다.

17절 하나님의 말씀이 응하기까지 하심이라: 짐승과 열왕이 서로 협력하여 하나님을 대적하고 성도를 핍박하는 현장에서는 하나님이 어디 계신가에 대한 회의가 생길 수 있으나, 오늘 본문은 그 상황조차도 하나님이 통치하시는 순간이라는 사실을 가르쳐 주고 있다. 잠시 그들이 이 세상을 통치하는 것처럼 보이지만 그 순간에도 참다운 통치자는 하나님이시다.

묵상 여행

음녀 바벨론 곧 당시의 로마 제국과 황제는 많은 나라들과 함께 하나님과 하나님의 백성을 대적하는 데 힘을 모은다. 이러한 세상에 속한 악의 세력은 자신들의 모든 힘을 모아 하나님을 대적하고 하나님의 백성을 핍박하여 성도들의 피를 흘리게 하는 존재로 묘사된다. 그 바벨론의 위상은 무시 못할 정도로 크고 위대하다. 그래서 모든 나라와 사람들이 그를 따라 성도들을 핍박하는 일에 가담한다. 그러나 그들은 마침내 심판을 앞두고 있다. 그 위대하고 강력했던 세력도 결국 하나님의 심판 앞에 서게 될 날이 온다. 바벨론과 짐승은 어린 양과의 싸움에서 멸망하고, 악의 자기 파멸적 성격 때문에 멸망한다. 짐승이 음녀 바벨론을 불에 태워 죽이는 것은 바로 이러한 성격을 보여 준다. 궁극적으로 이 모든 과정에서 빛을 발하는 것은 바로 하나님의 주권이다.

나의 결단

오늘날도 바벨론은 다른 형태로 역사하고 있다. 그 공격은 거세고 압도적일 수 있다. 그러나 그러한 세력들은 마침내 심판받아 역사의 뒤안길로 사라질 것이다. 그렇게 사라질 권력에 복종하는 것이 얼마나 어리석은 일인지 다시 한 번 각성하자.

무너졌도다! 바벨론이여

Day 31

18:1-13
찬송 9 (통 53)

묵상 열기

오늘 바벨론의 심판에 대한 내용은 세 가지를 중심으로 관찰하는 것이 중요하다. 첫째, 심판의 이유는 무엇인가? 둘째, 바벨론의 심판 가운데 하나님의 능력이 어떻게 역사하시는가? 셋째, 바벨론의 심판에 대해 슬퍼하는 자들은 누구이며 왜 슬퍼하는가?

본문 여행

1절 이 일 후에 다른 천사가: '이 일 후에'는 '이 후에'라고 하는 것이 적절하며, 시간적 순서라기보다는 새로운 문단에 돌입할 때 사용하는 숙어와 같은 기능을 한다(참조. 4:1; 7:1, 9; 15:5; 18:1; 19:1). 여기에서 등장하는 천사는 17장에서 요한과 대화를 나누었던 일곱 대접을 가진 천사와는 다른 천사이다. 곧 17장에서는 천사가 요한에게 환상을 해석해 주는 역할을 하지만, 18장의 천사는 심판을 선포하는 역할을 한다.

2절 힘찬 음성으로…무너졌도다. 무너졌도다. 큰 성 바벨론이여: 다른 천사의 이러한 음성은 권세 있는 하나님 말씀의 선포의 정황을 반영한다. 원문에는 '무너졌다'는 말

요한계시록 40일 묵상 여행

이 두 번 반복된다. 이러한 반복은 멸망의 현장을 좀 더 생생하게 강조하려는 것이다. 무너진 것은 다름 아닌 '바벨론'이다. 마치 난공불락의 여리고 성이 무너지는 정황을 떠올리게 한다. 여리고 성이 그러했듯이 바벨론 성도 하나님의 전적인 개입으로 심판의 순간을 맞이한 것이다. 로마 제국의 영광은 귀신의 처소처럼 아주 초라하고 비참한 모습으로 전락해 버리고 말았다.

3절 그 음행의 진노의 포도주로 말미암아 만국이 무너졌으며 또 땅의 왕들이 그와 더불어 음행하였으며 땅의 상인들도 그 사치의 세력으로 치부하였도다 하더라: 이 본문은 바벨론·로마 제국이 심판을 받아 멸망 당하는 이유를 소개한다. 이 문구는 17:2과 17:6에서 언급한 바 있다. 바벨론·로마 제국은 세상 왕들과 음행의 포도주를 함께 마시므로 죄에 동참을 이끌어 내었고, 세상 장사꾼들을 사치스러운 삶을 위한 물품 공급처로 삼아 죄의 소굴로 끌어들였다. 사치스런 삶이란 자신을 우주의 중심으로 간주하는 사고의 결과이자 원인이다. 이것은 하나님과 동등하게 되려 하는 신성모독이다. 이것이 바로 바벨론·로마 제국이 하나님의 심판의 대상이 되는 이유이다.

5절 그의 죄는 하늘에 사무쳤으며 하나님은 그의 불의한 일을 기억하신지라: 이 본문은 바벨론의 심판을 말하는 4절에 대한 이유를 설명한다. 바벨론이 왜 심판을 받아야 하는가? 그것은 그들의 죄가 하늘에 닿았고 하나님께서 그 죄악을 기억하시기 때문이다. 이러한 내용은 구약 예레미야 51:9의 말씀을 반영하고 있다. 하늘에까지 닿았다는 것은 바벨론의 죄가 그토록 많이, 즉 심판받을 만큼 쌓였다는 것을 의미한다. 하나님의 기억은 하나님의 행동을 의미한다는 점에서 인간의 기억과는 차이가 있다. 여기에서 하나님의 행동은 심판이다.

7절 그가 얼마나 자기를 영화롭게 하였으며 사치하였든지 그만큼 고통과 애통함으로 갚아 주라…나는 여왕으로 앉은 자요 과부가 아니라 결단코 애통함을 당하지 아니하리라: 죄악의 잔을 심판의 잔으로 변환시키는 것처럼, 음녀가 누린 사치와 영화만큼 고통과 슬픔으로 갚아 줄 것을 선포한다. 음녀의 사치와 영화는 하나님의 위치에 오르려는 교만의 극치이다. 더 나아가서 스스로 왕좌에 앉아 세상을 지배하는 통치자임을 자임한다. 자신에게 결코 슬픔이 없을 것임을 천명한다. 그러나 그녀에게 슬픈 현실이 보란 듯이 찾아온다. 하나님은 그녀의 교만한 자태를 보며 비웃으신다. 그리고 이러한 바벨론에게 심판을 통해 슬픔을 안겨 주신다.

8절 하루 동안에…그를 심판하시는 주 하나님은 강하신 자이심이라: 이사야 47:9에서 바벨론에 대한 심판이 하루 만에 닥쳐온 것을 반영한다. 하나님의 심판은 완벽하고 신속하다. 바벨론·로마 제국과 같은 거대한 권력을 가진 나라일지라도 하나님의 심판 앞에는 속수무책으로 한순간에 멸망한다. 하나님은 로마 제국을 심판하실 만큼 충분히 강한 분이시다.

9절 그와 함께 음행하고 사치하던 땅의 왕들이 그가 불타는 연기를 보고 위하여 울고 가슴을 치며: 음녀의 심판을 보며 슬퍼하는 자들은 그 음녀와 함께 하나님을 대적하여 하나님의 백성들을 핍박했던 세상의 왕들이다. 그들이 슬퍼하는 이유는 그 음녀 곧 바벨론·로마 제국으로부터 얻었던 부귀와 영화를 더 이상 누릴 수 없기 때문이다. 그들은 바로 음녀와 함께 사치를 일삼았던 세상의 왕들이기 때문이다.

10절 화 있도다. 화 있도다. 큰 성, 견고한 성 바벨론이여 한 시간에 네 심판이 이르렀다: 애통하는 자들에게 바벨론은 한때 강한 성이었다. 난공불락의 요새였지만, 그들이 볼 때도 끔찍할 정도로 '순식간'에 멸망했다. 이러한 반응을 통해 하나님의 심판의 경이로움을 엿볼 수 있다.

11-13절 땅의 상인들이 그를 위하여 울고 애통하는 것은 다시 그들의 상품을 사는 자가 없음이라. 그 상품은 금과 은과 보석과 진주와 세마포와 자주 옷감과 비단과 붉은 옷감이요… 종들과 사람의 영혼들이라: 이번에는 애통해 하는 자들이 땅 위의 장사꾼으로 바뀌어 나타난다. 그 장사꾼들은 바벨론의 처지를 동정하는 것이 아니라 자신의 미래에 대한 염려 때문에 애통해 한다. 악의 세력은 이렇게 이익을 위해 뭉친 집단이다. 거래한 물품들의 목록을 보면 상인들이 식민지 지역에서 싸게 구입한 물건

을 바벨론·로마 제국에 비싸게 판매하는 형식으로 부를 축적하였다는 것과 바벨론·로마 제국이 얼마나 사치했는가를 알 수 있다. 마지막 부분에 "종들과 사람의 영혼들"이란 문구는 '종들 곧 사람의 영혼들'이라고 번역할 수 있다. 이러한 번역에서 요한은 종들을 단순히 물건 취급하지 않고 인간의 영혼을 지닌 인격체로 간주하고 있음을 보여 준다.

묵상 여행

바벨론으로 상징되는 로마 제국은 심판을 받아 마땅하다. 그들은 자기 스스로를 영광스럽게 하여 가장 높은 자리에 올려놓았기 때문이다. 그러기 위해 제국은 상인들, 왕들과 결탁하여 사치스런 물품을 사들이고 사치스런 삶을 살아가는 데 혈안이 되었다. 그 이면에는 수많은 착취당하는 사람들이 존재한다. 성도들을 핍박한 죄에 덧붙여서, 이러한 하나님의 영광을 탈취하려는 음녀의 죄가 하늘에까지 사무쳐 하나님이 그 죄를 기억하지 않을 수 없는 지경에 이르게 된다. 그러한 제국에 가차 없이 순식간에 완벽한 하나님의 심판이 임한다. 그토록 사치스럽던 로마 제국의 영광도 이처럼 하루아침에 무너지고 만다. 악이 성행하는 이 세상에서 전능하신 하나님이 어디에 계시느냐고 누가 힐문할 것인가? 제국의 멸망은 더불어 번창하던 상인들과 왕들의 멸망을 동반한다. 악은 홀로 존재하지 않고 항상 확장의 능력과 매력이 있어 주변에 추종자들이 따라붙는다. 그러나 하나님은 이 세상 누구보다도 강하시다. 마침내 하나님은 대적들을 심판하심으로 당신의 백성들의 억울함을 갚아 주실 것이다.

나의 결단

찬란했던 영광의 바벨론이 속절없이 멸망하게 된다는 것이 놀랍다. 이 세상의 영광은 그렇게 허무하게 사라지나 보다. 그런데 왜 나는 그 세상의 영광을 그토록 추구하는 것일까? 세상의 영광을 추구했던 자들의 슬픈 종말을 본다. 오늘 본문을 통해 세속적 영광의 부질없음을 확인하고, 영원한 영광의 하나님만을 믿고 그분 편에 서 있기를 결단하고 싶다.

하늘이여 즐거워하라

18:14-24
찬송 355 (통 386)

묵상 열기

오늘 본문은 바벨론의 멸망으로 슬퍼하는 자들과 기뻐하는 자들을 각각 소개하고 있다. 하나는 바벨론으로 인하여 이익을 얻었던 자들이고, 다른 하나는 그 바벨론으로 인하여 핍박을 받고 목숨을 잃었던 자들이다. 이 본문을 묵상하며 악의 멸망을 기뻐하는 자리에 있는가? 아니면 슬퍼하는 자리에 있는가를 돌아보는 것은 중요하다.

본문 여행

14절 바벨론아 네 영혼이 탐하던 과일이 네게서 떠났으며: 이 본문은 선원들이 바벨론에 대해 슬퍼하는 첫 번째 이유를 말한다. 그것은 그들이 그토록 탐하던 좋은 과실들이 그 곁에서 떠나 버렸다는 것이다. 여기에서 '과실'이란 단어는 좋은 물건들에 대한 은유로 사용되기도 한다. '좋은 것들'이란 12-13절에서 언급된 목록들을 가리킨다. 바벨론은 바로 이러한 사치스런 물품들을 단순히 취미 생활의 차원이 아닌 영혼의 차원에서 탐닉하였다.

맛있는 것들과 빛난 것들이 다 없어졌으니 사람들이 결코 이것들을 다시 보지 못하리로다: 여기에서 '맛있는 것들'이란 '화려한 것들'이란 의미를 갖고, '빛나는 것들'은 은유적으로 사용되어 '부한 것들'과 '호화로운 것들'이라는 의미를 갖는다. 그러므로 이 두 단어는 서로 유사한 의미를 갖는다. 그렇다면 이처럼 '부한 것과 호화로운 것들'은 앞의 '네가 탐내던 좋은 것들' 곧 12-13절의 물품들의 목록을 가리키는 것으로 이해할 수 있다. 더 이상 바벨론은 그러한 것들을 볼 수 없는 비참한 상태로 전락해 버리고 말았다.

15절 바벨론으로 말미암아 치부한 이 상품의 상인들이 그의 고통을 무서워하여 멀리 서서 울고 애통하여: 이 사태를 바라보는 장사꾼들의 심리가 잘 드러나고 있다. 그것은 자신들이 바벨론 덕분에 부하게 되었으므로 자신들에게도 심판의 여파가 미치지 않을까 전전긍긍하는 모습이다. 그들도 바벨론과 한 몸이라고 여겨질 수 있기 때문이다.

16절 세마포 옷과 자주 옷과 붉은 옷을 입고 금과 보석과 진주로 꾸민 것인데 그러한 부가 한 시간에 망하였도다: 여기에서 열거된 물품들은 음녀 바벨론이 여황으로 군림하며(18:7) 사치하는 데 사용한 것들이며(참조. 17:4), 동시에 땅의 상고들이 팔아 치부하였던 물품들이다(18:12-13). 곧 바벨론의 부의 상징인 것들이다. 이러한 부를 축적한 큰 성 바벨론이 한순간에 망하게 된 것은 도저히 이해할 수 없는 일이다.

17-18절 모든 선장과 각처를 다니는 선객들과 선원들과 바다에서 일하는 자들: 바벨론의 멸망에 대한 애가에 장사꾼뿐만 아니라 값진 물건들을 실어 나르는 선장과 승객들과 선원들까지도 합세한다. 이들의 애가를 통해 바벨론의 영광이 상업적 이익 집단의 의기투합으로 세워진 것임을 잘 알 수 있다.

19절 티끌을 자기 머리에 뿌리고 울며 애통하여 외쳐 이르되 화 있도다. 화 있도다. 이 큰 성이여 바다에서 배 부리는 모든 자들이 너의 보배로운 상품으로 치부하였더니 한 시간에 망하였도다: 배를 소유한 자들도 바벨론의 재물로 이익을 얻었음을 알 수 있다. 따라서 바벨론의 멸망은 그들의 멸망을 의미한다. 이것이 그들이 슬퍼하는 이유이다. 이 세상의 재물에 소망을 두는 것은 이처럼 마지막 심판 때에 아무런 도움도 주지 못한다. 오직 그 재물과 함께 심판받고 멸망할 뿐이다.

20절 하늘과 성도들과 사도들과 선지자들아, 그로 말미암아 즐거워하라. 하나님이 너희를 위하여 그에게 심판을 행하셨음이라: 이 문구의 전반부는 예레미야 51:48-49에서 바벨론의 심판에 대한 반응으로 "하늘과 땅과 그 안에 있는 모든 것이 바벨론으로 말미암아 기뻐 노래하리니"라는 문구를 배경으로 한다. 바벨론에 대한 심판은 모든 피조물이 기뻐해야 할 일이다. 요한계시록의 본문은 모든 피조물 대신에 '성도들과 사도들과 선지자들'이 기뻐할 일이라고 한다. 왜냐하면 그들에게 고통을 주었던 바벨론을 심판하셨기 때문이다. 여기에서 기뻐하는 세 부류는 앞에서 바벨론의 멸망으로 슬퍼하는 세상의 왕들, 장사꾼들 그리고 바다 사람들에 대응하여 구성된다.

21절 이에 한 힘 센 천사가 큰 맷돌 같은 돌을 들어 바다에 던져 이르되 큰 성 바벨론이 이같이 비참하게 던져져 결코 다시 보이지 아니하리로다: 이 표현은 일종의 비유법이다. 맷돌은 바다에 떨어지면 바다 위에 뜨는 것이 아니라 바다 밑으로 가라앉아 다시는 볼 수 없게 될 것이다. 이와 마찬가지로 바벨론의 심판도 그 존재를 이 세상에서 완전히 소멸시켜 버리고 말리라는 것이다.

22절 또 거문고 타는 자와 풍류하는 자와 통소 부는 자와 나팔 부는 자들의 소리가 결코 다시 네 안에서 들리지 아니하고 어떠한 세공업자든지 결코 다시 네 안에서 보이지 아니하고 또 맷돌 소리가 결코 다시 네 안에서 들리지 아니하고: 이 본문은 멸망 당하기 전의 바벨론에 얼마나 인위적인 기쁨과 즐거움이 넘쳐났는가를 엿보게 한다. 바벨론의 지배적인 즐거움의 요인은 바로 음악과 같은 예술이었다. '세공업자'는 기술자라는 의미를 가지며, 이것은 바벨론 곧 로마 제국의 강성함이 이러한 기술자들의 기여에 근거함을 보여 준다. 또한 맷돌 소리가 들리지 않게 되었다는 것은 '식량의 고갈'을 의미한다. 왜냐하면 맷돌은 바로 식량을 가공하는 역할을 하기 때문이다. 이처럼 바벨론에 충만했던 즐거움은 한낮 안개와 같은 것이다. 바람이 불면 사라지게 된다.

24절 선지자들과 성도들과 및 땅 위에서 죽임을 당한 모든 자의 피가 그 성 중에서 발견되었느니라 하더라: 바벨론이 심판을 받아야 할 가장 중요한 이유가 여기에 있다. 바벨론은 바로 선지자들과 거룩한 백성들과 이 땅에서 죽임당한 사람들의 피의 대가로 심판을 받는 것이다. 바벨론·로마 제국은 바로 이러한 사람들이 흘린 피 위에 세워진 제국이다.

묵상 여행

바벨론의 멸망은 그들로부터 재물의 이익을 얻어 생존했던 자들에게도 재앙 그 자체이다. 권불십년이란 말도 있지 않은가? 아무리 높은 권세라도 십 년을 가지 못한다는 것이다. 바벨론 혹은 로마 제국이 아무리 하늘을 찌르는 권세를 가지고 있더라도 천년을 넘겠는가? 만년을 넘겠는가? 그의 부와 명예와 권력은 무상하게도 하나님의 심판으로 스러지고 있다. 그러한 정황을 장사꾼들과 바다 사람들의 애가를 통해 슬프지만 통쾌하게 보여 주고 있는 것이다. 우리가 의지하고 신뢰해야 할 대상은 오직 만군의 하나님, 여호와뿐이시다. 화려했던 과거의 영화가 사라지고 폐허와 허무만 남게 된 바벨론의 참상에 대한 비전은 당시의 핍박받는 성도들에게 큰 위로를 준다. 특별히 성도들과 사도들 그리고 선지자들에게 바벨론의 멸망은 큰 즐거움이 되지 않을 수 없다. 바벨론을 통해 치부했던 세상의 왕들과 장사꾼들과 바다 사람들이 애통하는 것과는 대조적이다.

나의 결단:
이 세상에 사는 동안 어떤 방식으로 살았느냐가 영원한 운명을 결정한다. 이 세상에서 부귀를 누리며 하나님을 대적하는 자들의 수종을 들며 산다면 영원한 심판을 면하지 못할 것이다. 그러나 이 세상에서 하나님께 순종하는 것 때문에 고난과 핍박을 받으면 영원한 안식이 기다리고 있다. 이 본문은 어떤 삶의 방식을 택하는 것이 복된 것인지 가르쳐 주고 있다. 잠깐 웃고 말 것인가? 아니면 영원히 웃을 것인가?

Day 33

참되고 공평하신 하나님

19:1-10
찬송 310 (통 410)

묵상 열기

오늘 본문은 17-18장의 바벨론 심판에 대한 반응으로 예배와 찬양, 그리고 그 심판의 결과로 어린 양의 혼인 잔치를 소개한다. 바벨론의 심판은 하나님의 모든 선한 계획들을 이루어 드리는 결과를 가져온다. 밤이 깊을수록 새벽이 가깝다고 했던가? 포악한 바벨론의 심판 후에 아름다운 어린 양의 혼인 잔치의 노래가 하늘에서 울려 퍼지고 있다.

본문 여행

1절 할렐루야 구원과 영광과 능력이 우리 하나님께 있도다: 여기에서 '구원과 영광과 능력'은 바벨론을 멸망시키고 성도들의 피 흘림을 신원하시는 하나님을 향한 찬양의 제목이다. 먼저 구원은 단순히 개인적 구원의 차원이 아닌 하나님의 전반적인 구속 계획의 완성을 의미한다. 영광과 능력은 장엄한 구원을 이루면서 나타나는 위엄과 힘을 의미한다.

2절 (왜냐하면) 그의 심판은 참되고 의로운지라: 2절은 우리말 번역에 나타나 있지 않지만 '왜냐하면'이라는 접속사로 시작하여, 1절에서 말한 하나님께서 찬양받으셔야 하는 이유를 제시한다. '참되다'라는 말은 '신실하다'라는 의미이다. 하나님께서 바벨론을 심판하신 것은 신실하심의 발로이다. 하나님은 자신의 백성을 보호하시겠다는 언약에 신실하셔서 당신의 백성을 신원하는 일에 온전하시다. '공평하다'는 것은 바벨론을 심판하시되 주관적이고 왜곡된 판단이 아니라 정당한 판단에 따랐다는 것이다.

음행으로 땅을 더럽게 한 큰 음녀를 심판하사: '땅을 더럽히다'라는 것은 땅의 임금들과 땅에 거하는 자들로 함께 음행의 포도주에 취하도록 하였다는 것과 동일한 의미이다. 여기에서 '더럽게 하다'는 '망하게 하다'라는 의미를 동시에 가진다. 땅을 더럽히고 망하게 한 것은 아담과 하와가 범죄하여 이 땅에 죄와 사망이 왕 노릇하게 된 것이 그 시초이다. 이제 바벨론 큰 음녀는 이 일에 있어서 최고 절정에 이른다.

3절 그 연기가 세세토록 올라가더라: 여기에서 연기가 영원히 그치지 않으리라는 것은 영원한 심판의 불로 인한 연기를 말한다. 이러한 연기는 19:20; 20:10, 14, 15에서 두 짐승과 사탄(용) 그리고 그 추종자들이 던져지는 '불과 유황이 타는 못'에서 발생하는 연기와 관련된다(참조. 사 34:10).

4-5절 이십사 장로와 네 생물이 엎드려 보좌에 앉으신

하나님께 경배하여 이르되 아멘 할렐루야: 교회 공동체를 대표하는 이십사 장로와 피조물을 대표하는 네 생물이 이 찬양의 대열에 합류하는 것은 매우 의미심장하다. 그것은 우주적 구원의 성격을 반영한다고 할 수 있다. 더 나아가서 피조물이 하나님의 아들들이 나타나는 것을 고대하였는데 바로 그 순간이 온 것이다.

6절 할렐루야 주 우리 하나님 곧 전능하신 이가 통치하시도다: 하나님의 다스리심은 바벨론에 대한 심판에서 절정에 이른다. 당시 사람들은 로마 제국이 절대 권력을 가지고 온 세상을 다스리는 것으로 생각했다. 요한은 바로 그러한 사람들의 고정관념을 바벨론 심판의 기록을 통해 분명하게 날려 버린다.

7절 우리가 즐거워하고 크게 기뻐하며 그에게 영광을 돌리세 어린 양의 혼인 기약이 이르렀고: 기뻐하고 즐거워할 일이 일어났다. 하나님께 영광을 돌릴 일이 발생한 것이다. 그것은 어린 양의 혼인 잔치이다. 이 문맥에서 어린 양의 혼인 잔치는 신랑 되신 어린 양 예수님과 신부인 교회 공동체의 연합을 의미한다. 신랑 되신 어린 양의 신부는 당연히 교회가 될 것이다. 바벨론의 멸망으로 악의 세력이 소멸되었으며, 그 결과 예수님과 교회와의 연합이 온전하게 이루어진 것이다.

7-8절 그의 아내가 자신을 준비하였으므로 그에게 빛나고 깨끗한 세마포 옷을 입도록 허락하셨으니: 신부인 교

회는 아름답게 자신을 단장함으로 혼인 잔치의 때를 준비하였다. 이러한 준비는 성도들이 순교를 각오하고 짐승과 그 우상에게 절하지 않고 짐승의 표를 받지 않으며 거룩한 신앙의 삶을 살아 왔다는 것을 의미한다. 여기에서 빛나고 깨끗한 흰 세마포 옷은 신부의 예복이다. 사데 교회의 이기는 자에게 흰옷을 주시겠다고 했고(3:5), 천상의 셀 수 없는 큰 무리가 흰옷을 입고 있고(7:9), 백마 타신 예수님을 따르는 하늘에 있는 군대들이 흰옷을 입고 있다(19:14). 이러한 내용을 종합해 볼 때 빛나고 깨끗한 흰옷을 입은 신부는 곧 최종적으로 승리한 영광스러운 교회 공동체임을 알 수 있다.

이 세마포 옷은 성도들의 옳은 행실이로다: 여기에서 '옳은 행실'은 '의로운 행위'를 의미하는데, 이것은 '옳고 바른 것에 대하여 그 기대를 충족시켜 주는 행위'를 의미한다. 바로 어린 양의 신부인 교회 공동체는 자신을 거룩한 존재로 준비시킴으로써 하나님의 기대를 충족시키는 행위를 한 것으로 인정받고 있다.

9절 어린 양의 혼인 잔치에 청함을 받은 자들은 복이 있도다: 어린 양의 혼인 잔치에 초대받은 자들은 누구일까? 그들은 성도들이다. 곧 주체가 객체화된 것이다. 다시 말하면, 어린 양의 신부인 교회는 신부로서의 주체적 역할을 하게 되며 동시에 초청객으로서의 객체적 역할을 하게 된다. 전자는 신부인 교회를 공동체적인 관점에서 접근하는 것이라면, 후자는 개인적 관점에서 접근하는 것이다. 왜냐하면 개인에 따라 초대받지 않은 자들이 있을 수 있기 때문이다.

10절 예수의 증언은 예언의 영이라 하더라: 이 문구는 '예수에 대하여 증거 하는 것이 모든 예언의 핵심이다'라는 의미와 '예수가 주신 증거는 예언의 핵심이다'라는 의미의 두 가지 가능성이 있다.

묵상 여행

심판자 하나님은 신실하고 정의롭다. 하나님은 스스로의 판단으로 완전하고 정의롭게 심판을 시행하신다. 또한 신실하신 하나님은 한번 말씀하시고 언약하신 것을 끝까지 이루신다. 그러한 신실하심과 정의로우심은 우리를 구원하시는 사역뿐만 아니라 우리를 핍박한 악의 세력에 대한 심판에서도 드러난다. 이처럼 정의로우시면서 신실하신 하나님이 우리의 하나님이시기에 핍박과 고난 속에서도 성도의 삶은 소망스럽다. 이러한 하나님에 대한 우리의 반응은 진정한 예배자로서의 삶이다. '아멘, 할렐루야!'라는 고백을 통해 하나님의 신실하심과 정의로우심에 합당한 찬양을 드린다. 신부는 신랑 없이는 존재 의미가 없다. 그런데 신랑이 원수의 심판과 함께 신부를 맞이하기 위해 오신다. 신랑은 원수의 목전에서 신부에게 잔칫상을 베푸신다. 신부는 그 신랑을 맞이하기 위해 아름답고 고결한 모습으로 자신을 준비한다. 이러한 준비는 곧 짐승의 표를 거부함으로써 증명된다. 하나님의 소유로 인침 받기를 결단하는 것이다.

나의 결단:

나는 어린 양의 신부로서, 사탄과 그가 사용하는 세상 세력의 포악한 도전 앞에 자신을 더럽히지 않고 순전한 믿음으로 주어진 삶을 살기를 결단한다. 비록 힘들고 어려운 길이지만 나는 이 길을 가고자 한다. 마침내 사탄과 그를 추종하는 세상 세력은 심판을 받을 것이다. 그 때에 예수님은 나를 신부로 맞이해 주실 것이다. 이러한 영광스런 순간을 기대하면서 오늘도 순전한 신부로 살아가기를 결단한다.

Day 34

백마 타고 오시는 예수님

19:11-21
찬송 175 (통 162)

묵상 열기

드디어 기다리던 예수님의 재림 장면이다. 예수님의 재림이 어떤 방식으로 묘사되고 있는지 궁금하다. 한 가지 분명한 것은 그분이 만왕의 왕이요 만주의 주로서 심판을 목적으로 오신다는 것이다. 예수님이 오시는 모습과 그분의 심판이 어떤 양상으로 이루어지게 되는지 보는 것이 오늘 본문의 관찰과 묵상 포인트이다.

본문 여행

11절 하늘이 열린: 구속사적 성취와 완성을 드러낸다. 하늘이 열릴 수 있었던 것은 바로 하늘에서 내려오시고 다시 하늘로 올라가신 그리스도의 성육신과 승천 때문이다. 하나님의 교회 공동체는 이제 열린 하늘을 통해 하나님의 구속 계획의 전말을 볼 수 있게 되었다.

백마와 그것을 탄 자: 예수님을 묘사하고 있다. 흰색은 승리를 상징한다. 흰 말 타고 오시는 예수님은 승리자로서 심판주로서 오심을 의미한다.

12절 그 눈은 불꽃 같고 그 머리에는 많은 관들이 있고:

이는 예수님이 모든 것을 감찰할 수 있는 능력을 가졌다는 사실뿐 아니라 동시에 그러한 능력을 가지고 심판하신다는 사실을 시사해 준다.

13절 그가 피 뿌린 옷을 입었는데: 이 문구는 이사야 63:3의 "내가 노함으로 말미암아 무리를…짓밟았으므로 그들의 선혈이 내 옷에 튀어 내 의복을 다 더럽혔음이니"라는 구절을 배경으로 한다. 여기에서 '피'는 흰 말 타고 오시는 예수님이 대적들을 심판하는 과정에서 그들이 흘린 피를 가리키고 있음을 알 수 있다.

14절 하늘에 있는 군대들이 희고 깨끗한 세마포 옷을 입고 백마를 타고: 하늘의 군대는 일차적으로 천사들로 구성된다고 볼 수 있지만, 성도들도 이 군대에 동참했음을 짐작할 수 있다. 왜냐하면 그들이 입고 있는 옷이 흰옷이기 때문이다. 그들은 예수님처럼 백마를 타고 예수님을 따른다. 이것은 그들도 하나님의 심판에 동참하였음을 보여 준다.

15절 그의 입에서 예리한 검이 나오니 그것으로 만국을 치겠고 친히 그들을 철장으로 다스리며: '그의 입에서 예리한 검이 나온다'는 것은 요한계시록 1:16의 경우와 같은 의미를 가진다. 예수님의 입에서 날카로운 검이 나오는 것은 철장으로 다스린다는 것과 같은 의미로서 그것으로 만국을 심판하기(모든 나라를 쳐부수기) 위함이다. 이러한 심판은 맹렬한 진노의 포도주 틀을 밟는다는 것으로 표현된다. 포도주는 '피'에 상응하는 상징적 이미지로, 만국이 이처럼 피를 흘리는 심판을 감수하게 될 것임을 의미한다.

16절 그 옷과 그 다리에 이름을 쓴 것이 있으니 만왕의 왕이요 만주의 주라: '옷과 다리'라는 표현은 '다리 부분의 옷'이라는 표현으로 바꿀 수 있으며, 말 탄 자의 이 부분은 서 있는 대적자들에게 가장 잘 보이는 부위이다. 그 부위에 기록된 예수님의 이름은 바로 '만왕의 왕이요 만주의 주'이다. 이것은 예수님 자신의 신분을 만인에게 공표하는 목적을 갖는다. 초림 시에는 누구도 모르게 고난 받는 종으로 오셨지만, 재림은 모든 사람이 인식할 수 있도록 심판의 주로, 만왕의 왕이요 만주의 주로 오신다. 예수님에게 붙여진 이러한 이름은 가까운 문맥인 11, 12, 13절에 이어 네 번째이며, 만국을 다스리시고 심판하시는 예수님에 대한 매우 적절한 이름이다.

17-18, 21절 17) 하나님의 큰 잔치에 모여… 18) 왕들의 살과 장군들의 살과 장사들의 살과 말들과 그것을 탄 자들의 살과 자유인들이나 종들이나 작은 자나 큰 자나 모든 자의 살을 먹으라… 21) 모든 새가 그들의 살로 배불리더라: 이러한 일련의 내용들은 에스겔 39:17-20을 배경으로 대적들의 종말적 심판을 표현하고 있다. 곧 요한은 에스겔에 나타난 종말적 심판의 정황이 예수님의 재림 때에 대적들에 대한 심판에서 성취되는 것으로 해석하고 있는 것이다. 여기에서 잔치의 개념을 사용한 이유는

대적들에 대한 심판의 이면에는 하나님의 백성들을 위한 구원이 있기 때문이다. 21절의 "모든 새가 그들의 살로 배불리더라"는 것은 하나님의 큰 잔치에 대한 구체적 실행을 묘사해 주는 내용이다. 이러한 정황은 구약에서 전쟁 후에 넓은 대지에 널려 있는 시체들을 새들이 와서 먹는 장면을 연상시킨다.

19절 땅의 임금들과 그 짐승과 그들의 군대들이 모여 그 말 탄 자와 그의 군대와 더불어 전쟁을 일으키다가: '땅'이라는 단어는 요한계시록에서 짐승이 왕으로 군림하는 '세상'이란 의미로 사용된다. 여기에서 말을 타신 분은 물론 백마 타고 오시는 심판주 예수님을 가리킨다. 짐승과 세상 왕들은 심판을 위해 오시는 예수님과 그분을 따르는 군대들과 전쟁을 일으킨다. 물론 이 전쟁은 물리적 전쟁이 아니다. 종말적 심판을 묘사하기 위해 에스겔 38-39장의 이스라엘과 곡·마곡의 전쟁을 배경으로 사용한 것이다.

20절 짐승이 잡히고 그 앞에서 표적을 행하던 거짓 선지자도 함께 잡혔으니…이 둘이 산 채로 유황불 붙는 못에 던져지고: 여기에서 짐승과 거짓 선지자는 13장에서 소개한 첫째 짐승과 둘째 짐승을 말한다. 거짓 선지자는 짐승의 표를 받고 그의 우상에게 경배하던 자들을 표적으로 미혹하던 자라고 설명한다. 이 두 짐승이 함께 잡혔다는 것은 악의 세력을 제압하신 흰 말 타신 예수 그리스도의 사역을 표현해 주는 대목이다. 유황 불못에 던져지는 장면은 20:10에 "그들을 미혹하는 마귀가 불과 유황 못에 던져지니"라는 구절과 평행되고 심판에 대한 구약적 표현으로서 영원한 심판을 의미한다.

묵상 여행:

예수님의 재림은 초림과는 달리 모든 사람들이 눈으로 볼 수 있는 방식으로 일어난다. 예수님은 나귀를 타시던 것과는 달리 군대 장관의 모습으로 백마 타고 오신다. 그 입에서 나오는 날카로운 검으로 대적들을 치자 원수들의 피가 백마 타신 예수님의 옷에 흥건하게 젖는다. 말을 타신 예수님의 다리 부분의 옷에는 '만왕의 왕이요 만주의 주'라고 쓰여 있는데 이것은 서 있는 위치에서 가장 잘 보이게 자신의 왕권을 과시하기 위함이다. 그렇게 예수님은 심판의 주로서 '만왕의 왕이며 만주의 주'시라는 사실을 만방에 공표하신다. 이러한 심판의 정황은 에스겔 38-39장의 곡·마곡의 전쟁을 배경으로 설명한다. 요한은 예수님의 재림에서의 심판과 승리를 에스겔 38-39장의 곡·마곡의 전쟁의 성취로 해석한다. 예수님의 재림을 통한 악의 세력에 대한 심판은 구약에서 일어나는 모든 심판적 전쟁의 절정이다.

나의 결단:

예수님의 재림을 통한 승리의 순간이 존재한다는 것은 축복이고, 이 사실을 믿을 수 있다는 것도 축복이다. 심판의 때에 나는 예수님 편에 있을 것인가? 아니면 심판을 당하는 편에 서 있을 것인가? 오늘의 믿음의 삶이 바로 이것을 결정할 것이다. 나는 오늘 예수님 편에 서 있는 삶을 선택한다. 하나님의 은혜로!

종노릇과 왕 노릇

20:1-6
찬송 360 (통 402)

묵상 열기

나의 삶은 하나님의 통치를 드러내는 왕의 삶인가? 아니면 결박당한 사탄에게 종노릇하는 삶인가? 그것은 진리를 깨닫고 자신을 돌아봄으로써 확인할 수 있다. 오늘 본문은 우리에게 바로 이러한 현실을 올바로 바라보도록 안내한다.

본문 여행

1절 내가 보매 천사가 무저갱의 열쇠와 큰 쇠사슬을 그의 손에 가지고 하늘로부터 내려와서: 하나님으로부터 보냄 받은 천사가 용을 결박하여 가두기 위한 도구인 무저갱의 열쇠와 큰 쇠사슬을 가지고 하늘에서 내려온다. 여기에서 '용'의 경우처럼 무저갱이나 열쇠 그리고 큰 쇠사슬은 문자적 표현이 아니라 상징적 표현으로 이해해야 할 것이다.

2절 용을 잡으니 곧 옛 뱀이요 마귀요 사탄: 용은 에덴에서 활동하던 오래된 뱀으로서 마귀 곧 사탄을 상징적으로 표현한 것이다.

2-3절 잡아서…결박하여 무저갱에 던져 넣어 잠그고 그 위에 인봉하여: 천사의 행동은 다섯 단계로 묘사된다. 잡다, 쇠사슬에 묶다, 무저갱에 던지다, 열쇠로 잠그다, 인봉하다. 이러한 결박 과정을 통해 이 사탄에 대한 통제가 완벽하게 이루어졌음을 알 수 있다. 천사가 가지고 있던 쇠사슬로 용을 결박하여 구덩이에 던져 넣고 가두는 것은 상징적 이미지로서, 예수님의 사역과 십자가의 죽으심으로 심판을 받아 결박당한 사탄의 모습을 강조하여 보여 준다(참조. 마 12:29). 사탄은 에덴에서는 하와를 유혹하는 데 성공하였으나, 이 종말의 시대에 예수님의 십자가의 죽으심으로 결박당하고 만다.

3절 무저갱에 던져 넣어 잠그고 그 위에 인봉하여 천 년이 차도록 다시는 만국을 미혹하지 못하게 하였는데: 용이 결박당한 것이 예수님의 십자가의 죽음으로 말미암은 심판의 결과라면, 천년의 시작은 예수님의 초림부터 시작한다. 그리고 그 용에 대한 심판의 효과는 재림의 때까지 이어진다. 그러므로 '천년'이란 기간은 초림에서 재림까지의 기간을 상징적으로 표현한 것이다. 심판을 받은 용은 본질적으로 만국을 미혹하지 못하게 된다. 이것은 8절로 연결된다.

4절 내가 보좌들을 보니 거기에 앉은 자들이 있어 심판하는 권세를 받았더라: 여기에서 '보좌들'은 4:4의 이십사 보좌들을 연상시킨다. 그러므로 여기에서 보좌들은 바로 4:4의 이십사 보좌들을 가리키는 것으로 간주할 수 있다. 4:4의 이십사 보좌들에 이십사 장로들이 앉아 있다. 이십사 장로들은 하나님의 백성들의 천상적 존재를 의미한다고 한 바 있다. 그렇다면 이 보좌들에 앉아 있는 자들은 하나님의 백성들이다. 보좌는 통치를 의미한다. 4:2에 보좌와 보좌에 앉으신 하나님은 통치의 원조이시다. 그리고 보좌들에 앉은 자들은 이러한 하나님의 통치에 동참한다. 그 통치는 심판하는 권세로 행사된다.

예수를 증언함과 하나님의 말씀 때문에 목 베임을 당한 자들의 영혼들: 이 본문에서 죽은 영혼들은 바로 앞에서 언급한 보좌에 앉은 자들을 좀 더 구체적으로 설명하는 내용이다. 곧 그들은 바로 하나님의 말씀 때문에 죽임을 당한 순교자들이다.

또 짐승과 그의 우상에게 경배하지 아니하고 그들의 이마와 손에 그의 표를 받지 아니한 자들: 앞의 목 베임을 당한 자들의 영혼을 다시 보충 설명하는 것일 수도 있지만, 이것에 덧붙이는 것으로도 이해할 수 있다. 곧 앞의 죽은 영혼들과는 달리 황제 숭배를 거부했음에도 불구하고 아직 죽지 않은 신실한 성도들을 가리킬 수도 있다. 여기에서 '짐승과 우상에게 절하지 않았다'는 것과 '이마나 손에 짐승의 표를 받지 않았다'는 것은 같은 의미로서 황제 숭배를 거부했다는 것을 의미한다. 이러한 자들은 설사 아직 죽임을 당하지 않았다 하더라도 언젠가는 죽임을 당할 수밖에 없는 잠재적 순교자들이다.

살아서 그리스도와 더불어 천 년 동안 왕 노릇 하니: 죽은 영혼들이나 아니면 신실한 믿음 때문에 언제든 죽임을 당할 수 있는 잠재적 순교자들이나 모두 살아서 천 년 동안 하나님의 통치에 동참하게 된다. 이것은 1–3절에서 용으로 상징되는 사탄이 천 년 동안 결박된 것과 대조적이다.

5절 이는 첫째 부활이라: 여기에서 '이는'은 4절의 보좌에 앉아 있는 자들이 다시 살아나게 되는 것을 의미한다. 이렇게 다시 살아나게 되는 것을 첫째 부활이라고 칭한다. 이 경우에 첫째 부활이란 죽었던 신자들이 다시 살아나는 경우와 영적으로 죽었던 자들이 믿음으로 중생하여 생명을 얻는 경우 모두를 포함한다.

6절 둘째 사망이 그들을 다스리는 권세가 없고: 여기에서 둘째 사망은 육체적인 죽음 후에 영원한 심판을 받아 다시 한 번 죽는 경우를 일컫는다. 이것은 첫째 부활이 없는 불신자들에게 일어나는 일이다. 하나님의 생명을 가져 영적 생명을 얻은 자들은 두 번째 죽음을 겪지 않는다.

그들이 하나님과 그리스도의 제사장이 되어 천 년 동안 그리스도와 더불어 왕 노릇 하리라: 첫째 부활을 경험한 신자들은 하나님과 그리스도의 왕 되심을 세상에 알리는 제사장적 직분을 가지고 이 세상에서 살아가게 된다(참조. 1:6; 5:10). 그것은 왕 노릇 하는 것을 의미한다. 이러한 왕 노릇은 아담이 누렸던 에덴적 환경의 회복이라고 할 수 있다.

묵상 여행:

오늘 본문은 상징적 표현으로 그리스도의 공생애 사역, 십자가, 부활과 승천을 통해 사탄의 권세가 완전히 제압당했음을 강조한다. 이러한 사실은 사탄이 이 세상에서 사라졌다는 것을 의미하지 않는다. 예수님의 재림의 때까지 이 세상에서 활동하지만 예수님의 십자가의 능력으로 사탄의 권세는 궤멸되고 만 것이다. 이러한 상태가 예수님의 재림 때까지 지속된다. 동시에 이 기간에 순교자를 비롯한 모든 그리스도인들은 천 년 동안 하나님의 왕권을 드러내는 다스림에 동참한다. 이러한 삶의 형태는 바로 용, 곧 사탄이 제압당하는 것과 대조적인 모습이다. 첫째 부활에 참예한 자들은 복되고 거룩한 하나님의 사람들이 되어, 그리스도와 함께 천 년 동안 통치하는 영광스런 직분을 감당하게 된다. 이러한 통치는 하나님의 통치와 다스림에 참예하는 것으로서 하나님의 뜻과 목적을 삶 속에서 이루는 것이다. 이것은 성도의 고결한 책무이며 특권이다.

나의 결단:

나는 삶의 어떤 영역에서 하나님의 통치에 참여하고 있는가? 이러한 왕적 삶은 무능력한 사탄의 처지와 극적인 대조를 이루고 있다. 사탄은 감옥과 같은 무저갱에 갇혀 아무런 능력도 행사하지 못하지만 그리스도인들은 왕적 메시아의 통치에 동참한다. 이것이 진리이고 현실이다. 나는 그리스도인으로서 이러한 질서가 바뀌지 않도록 진리를 확고하게 주장하고 선포할 것이다.

최후의 심판

20:7-15
찬송 492 (통 544)

묵상 열기

7-15절은 바벨론, 두 짐승 그리고 용과 같은 심판의 대상 중에서 마지막 남은 목록으로 사탄이나 짐승을 추종했던 자들에 대한 심판을 소개한다.

본문 여행

7-8절 천 년이 차매 사탄이 그 옥에서 놓여: 이 문구는 앞의 3절에서 이어진다. 여기에서 '천 년'은 상징적 숫자로서 초림부터 재림까지를 의미한다. '사탄'은 1-3절의 '용'을 의미하며, '옥'은 '감옥'을 의미하며 1-3절의 '무저갱'을 달리 표현한 것이다. 그러므로 이 문구는 사탄이 예수님의 십자가 사건으로 심판을 받아 그 머리가 상했다가 재림 때에 마지막 힘을 다하여 다시 극렬하게 저항한다는 뜻이다. 이렇게 사탄이 구덩이에서 나와 마지막 저항을 하는 목적은 결국 하나님의 영원한 심판을 받기 위해서이다.

나와서 땅의 사방 백성 곧 곡과 마곡을 미혹하고: 여기에서 '땅의 사방 백성'이란 3절의 '만국'과 동일한 단어이다. 그리고 3절의 '미혹'이라는 단어는 8절의 '미혹'이라는 단어와 동일하게 사용된다. 그러므로 3절과 8절을 함께 묶어서 이해해야 한다. 곧 3절에서는 천 년이 차기까지 용이 만국을 미혹하지 못하다가, 천 년이 차서 만국 곧 곡과 마곡을 미혹하기 시작했다는 것이다.

모아 싸움을 붙이리니 그 수가 바다의 모래 같으리라: 구약에서 이스라엘과 이방 세력이 서로 전쟁을 하는 장면을 사용하여 악의 세력과 신약의 교회 공동체의 종말적 영적 전쟁의 정황을 설명하고 있다. 그러므로 이러한 장면은 문자 그대로 이해할 수 없다. 예수님의 재림의 때에 악의 세력은 마지막 힘을 결집하여 예수님과 그의 백성들을 대적하려고 할 것이다.

9-10절 그들이 지면에 널리 퍼져 성도들의 진과 사랑하시는 성을 두르매 하늘에서 불이 내려와 그들을 태워버리고 또 그들을 미혹하는 마귀가 불과 유황 못에 던져지니 거기는 그 짐승과 거짓 선지자도 있어 세세토록 밤낮 괴로움을 받으리라: 이 영적 전쟁의 결말은 사탄의 패배와 심판으로 끝이 난다. 여기에서 하늘에서 내려오는 불이라든지 유황이 타는 불못은 구약적 용어로서 사탄이 받는 영원한 심판을 매우 생동감 있게 묘사해 준다.

11절 크고 흰 보좌와 그 위에 앉으신 이: 물론 하나님을 가리키는 문구이다. 보좌에 앉으셨다는 것은 역사를 주관하시는 심판의 주 되심을 드러내고 있으며, '크고 흰'이라는 형용사를 덧붙이는 것은 이 보좌가 심판의 맥락에서 언급되는 것을 강조한다. 왜냐하면 '크고 희다'라는 것은 심판주로 하나님의 위엄과 거룩함을 부각해 주기 때문이다.

땅과 하늘이 그 앞에서 피하여 간 데 없더라: 하나님의 위엄으로 인한 결과로 볼 수 있다. 하나님의 위엄 앞에 그 어떠한 것도 존재할 수 없다.

12절 죽은 자들이…보좌 앞에 서 있는데: 여기에서 보좌 앞에 서 있는 죽은 사람들은 믿지 않고 죽은 자들을 가리킨다. 이것은 믿는 자들의 죽음의 상태를 묘사할 때 항상 덧붙여진 '영혼'(6:9-10; 20:4)이란 말이 본 구절에 등장하지 않기 때문이다. 다음 본문에 '큰 자나 작은 자나 죽은 사람들이 모두 보좌 앞에 서 있다'라는 것은, 하나님의 심판을 받는 대상에 있어서는 그 어떠한 육체적 신분상의 차별이나 구별이 없음을 보여 준다. 높은 자와 낮은 자를 막론하고 믿지 않고 죽은 모든 자들은 보좌 앞에 서게 된다.

책들이 펴 있고 또 다른 책이 펴졌으니 곧 생명책이라: 두 종류의 책이 있다. 하나는 '책들'이고 다른 하나는 '다른 책' 곧 생명책이다. 이러한 장면의 첨가는 심판과 구원의 장면을 동시에 연출하려는 목적을 드러낸다. 즉, '다른 책' 곧 생명책은 구원을 받을 자들의 이름이 기록되어 있는 책으로 그들의 구원이 결정되어 있음을 의미하고, 펼쳐진 '책들'은 심판받을 자들의 행위가 기록되어 있다.

죽은 자들이 바로 그 '책들'에 기록된 그들의 행위대로 심판을 받는다.

13절 바다와 사망과 음부: 13-15절에서는 죽은 자들의 심판의 정황을 좀 더 자세하게 서술한다. 여기에서 '바다와 사망과 음부'는 서로 동일한 의미를 가진 것의 다른 표현인데, 바다가 악의 영역을 상징하는 표현이라면 죽음과 지옥도 악의 영역을 표현하는 환유법('왕'을 '왕관'으로 대신 표현하는 방법)으로 사용된다. 바다와 죽음과 지옥은 모두 불신자들이 죽으면 가는 곳이다.

그 가운데에서 죽은 자들을 내주고: 하나님을 믿지 않은 채 악의 영역 속에 살다가 죽은 불신자들을 가리킨다. 여기에서 '내주고'란 단어는 '토해 냈으며'란 의미를 가진다. 이 표현은 죽은 자들이 최후의 심판을 위해 바다, 죽음, 그리고 지옥에서도 내어줌을 당하는데, 이것은 요한복음 5:24의 표현대로 '심판의 부활'을 의미한다. 그리고 누구도 이 심판의 대상에서 예외일 수 없다.

14-15절은 이 최후의 심판의 결과가 어떻게 나타나는지를 설명해 준다.

14절 사망과 음부도 불못에 던져지니 이것은 둘째 사망 곧 불못이라: 사망과 음부가 불못에 던져졌다는 것은 죽음과 지옥보다 불못이 좀 더 궁극적인 심판의 단계임을 보여 준다. 불신자들이 죽으면 사망과 음부에 들어가 대기하고 있다가 마지막 심판의 때에 그곳으로부터 나와 불못에 들어가게 된다. 그들이 있었던 사망과 음부도 불못에 던져지는데 이것이 두 번째 죽음이다.

15절 누구든지 생명책에 기록되지 못한 자는 불못에 던져지더라: 생명책에 기록되지 못한 자들은 바다, 죽음, 지옥에서 내어줌을 당한 자들이며, 당연히 불신자들로서 그들의 행위대로 심판을 받아 불 못으로 들어가게 된다. 그들이 책에 기록된 대로, 그들의 행위대로 심판을 받는 것은 하나님께서 집행하는 심판의 근거를 보여준다.

묵상 여행

용은 무저갱에서 나와 성도들의 진과 한 판 승부를 벌이지만 이 전쟁에서 패배하여 영원히 타오르는 불과 유황 못에 던져지고 만다. 이것이 바로 사탄의 최후이다. 그리고 최후를 맞는 또 다른 대상이 등장한다. 바로 용을 추종했던 자들이다. '크고 흰 보좌와 그 위에 앉으신 분'이신 하나님은 이 모든 심판의 절정의 순간을 주도하신다. 이전의 인, 나팔, 대접 심판의 순간들은 바로 이 시점에서 그 절정을 이루고 있다. 다른 모든 심판과는 다르게 인간의 심판에 있어서는 하나님이 친히 심판주로 나타나신다. 불신자들은 첫째 사망 후에 바다·사망·음부에 있다가 심판을 받고 둘째 사망을 당하여 영원한 사망으로 들어간다. 그러나 이 심판은 중생으로 말미암은 첫 번째 부활을 경험한 그리스도인들에게는 전혀 영향을 미치지 못한다. 오히려 이들을 기다리고 있는 것은 첫째 부활과 이어지는 영원한 생명의 부활이다. 하나님께서 주도하시는 최후의 심판은 이러한 사실을 최종적으로 승인하는 무대가 될 것이다. 이 세상에서 억울하게 뒤엉킨 모든 일들이 이 순간에 실타래가 풀리듯이 모두 정확하고 공정하게 평가를 받게 될 것이다.

나의 결단:

최후의 심판은 사탄에게 속한 자들에게는 큰 두려움이지만 나에게는 커다란 소망이다. 그들에게는 심판이지만 나에게는 구원이기 때문이다. 그러나 이 소망은 오늘 나에게 무거운 책임으로 다가온다. 짐승을 좇지 않고 어린 양 예수님의 발자취를 따라가는 삶이 요구되기 때문이다. 나는 그 길을 가기를 결단한다. 이 소망이 나를 더욱 용기 있게 한다.

내가 받을 유업은 새창조인가? 불과 유황인가?

Day 37

21:1-8
찬송 67 (통 31)

묵상 열기

우리에게 모든 역사의 과정이 완성되는 순간이 온다. 그것은 바로 오늘 본문에서 소개하는 새창조이다. 그 새창조가 어떻게 이루어지는가가 중요한 관찰 포인트이다. 또한 이기는 자와 패배하는 자의 마지막 순간이 어떤지를 보여 준다. 곧 새창조를 상속으로 얻을 것인지, 불과 유황 불못에서 영원한 심판을 받을 것인지 강력하게 도전한다.

본문 여행

1절 새 하늘과 새 땅: 요한은 새 하늘과 새 땅 곧 새창조를 본다. 이러한 새창조는 5절에서 "내가 만물을 새롭게 하노라"는 본문이 설명한다. 만물을 새롭게 한다는 것은 이 만물을 없애고 새로운 만물을 만든다는 것이 아니라 지금 있는 만물을 새롭게 한다는 것이다. 그러므로 새창조는 재창조가 아니라 갱신을 통해 이루어진다.

5절 내가 만물을 새롭게 하노라: 5절의 이 문구를 여기에서 소개하는 것은 1절의 새창조를 설명해 주는 밀접한 관계에 있기 때문이다. 이 문구는 '내가 새로운 만물을 만드노라'라는 문구와 잘 구별해야 한다. 이 후자의 경우는 지금 있는 만물을 없애고 새로운 만물을 만드는 것을 의미하지만 본문의 경우는 현존하는 만물을 없애는 것이 아니라 그것을 새롭게 한다는 뜻이다. 이러한 방법으로 새창조를 이루시는 이유는, 하나님의 창조의 목적이 이 땅에서 시작되었으므로 이 땅을 떠나서는 완성될 수 없기 때문이다. 이 땅을 새롭게 하심으로 에덴의 목적을 완성하게 된다.

1절 처음 하늘과 처음 땅은 없어졌고: 이 문구는 4절의 '모든 옛 것들이 다 사라질 것이다'와 함께 하나님께서 새롭게 하신(갱신하신) 정도가 너무 완벽해서 마치 처음 하늘과 처음 땅은 없어진 것이나 마찬가지라는 것이다. 결국 처음 하늘과 처음 땅은 사라져버린 것이 아니라 새롭게 되어 온전한 상태에 머물게 된다. "바다도 다시 있지 않더라"라는 것은 13장에서 짐승이 나오는 악의 근원인 바다가 없어졌음을 말한다.

2절 거룩한 성 새예루살렘이 하나님께로부터 하늘에서 내려오니: 21:9-10에서 이 새예루살렘을 어린 양의 아내요 그리스도의 신부로 소개하는 것을 보면, 새예루살렘은 교회 공동체를 의미하는 것이 분명하다. 이것은 또한 2절에서 새예루살렘이 신랑을 위해 단장한 신부의 모습이라는 점에서 더욱 분명하다. 새예루살렘이 '하늘에서 내려오는 것'은 하늘에서는 승리한 교회로서, 지상에서는 전투하는 교회로서의 사명을 갖고 있었던 교회 공동체의 '이중적 특징'이 사라지며 지상이 천상과 같아지는 모습을 드러낸다.

그 준비한 것이 신부가 남편을 위하여 단장한 것 같더라: 이러한 모습은 새예루살렘이 그리스도의 신부로서 준비를 끝내고 혼인잔치를 할 때가 왔다는 것을 보여 준다(계 19:7-9). 어린 양 되신 그리스도께서 하늘에서 내려온 새예루살렘과 완전한 임재와 결합을 이루신다.

3절 보라 하나님의 장막이 사람들과 함께 있으매 하나님이 그들과 함께 계시리니 그들은 하나님의 백성이 되고 하나님은 친히 그들과 함께 계셔서: 신랑과 신부 사이의 완전한 결합이 어떠함을 보여 주는 본문이다. 이 본문 말씀은 레위기 26:11-12을 배경으로 하여 "나는…너희의 하나님이 되고 너희는 내 백성이 될 것이니라"라는 '언약의 공식'과 밀접하게 연결된다. 하나님의 장막이 사람들과 함께 있을 것을 말씀하시고 나서 하나님께서 사람들과 함께 거하실 것을 말씀하시므로 '하나님의 집'의 수립을 더욱 강조한다.

4절 다시는 사망이 없고 애통하는 것이나 곡하는 것이나 아픈 것이 다시 있지 아니하리니: 성도들의 눈물을 흘리게 하였던 악의 근원이 파멸되었기 때문에 하나님의 백성들은 더 이상 눈물을 흘릴 이유가 없다. 원문에는 '다시…없다'라는 문구의 반복을 통해 새창조가, 타락한 세상에서 반복되는 악과 슬픔의 고리를 완전히 끊어 놓는 환경임을 확증한다.

6절 이루었도다. 나는 알파와 오메가요 처음과 마지막이라: 하나님의 구속 계획이 이제 완성되었음을 선포하시는 것이라 할 수 있다. 그리고 '알파와 오메가 처음과 마지막'이라는 문구는 창조하신 분이 새창조를 완성하시는 분이시라는 것으로서 '이루었도다'라는 것과 조화를 이룬다.

7절 이기는 자는 이것들을 상속으로 받으리라: 요한계시록의 중요한 이슈는 이기느냐 지느냐의 문제이다. 2-3장의 일곱 교회에 선포된 선지적 메시지에서 마지막부분에 후렴처럼 반복되는 문구는 바로 "이기는 자에게는…"이다. 여기에서 이기는 자는 짐승의 표를 받지 않고 짐승의 우상에게 절하지 않은 자들이다. 이러한 자들은 새창조를 상속받게 될 것이다. 그리고 이어 나오는 "나는 그의 하나님이 되고 그는 내 아들이 되리라"라는 문구는 언약의 형식이다. 구약에서 이스라엘과 하나님께서 세우셨던 관계의 본질이다. 이제 최고의 절정으로서 이러한 언약적 관계가 새창조가 이루어진 환경 가운데 하나님과 승리한 교회 공동체 사이에서 완성되어 나타난다.

8절 그러나 두려워하는 자들과 믿지 아니하는 자들과 흉악한 자들과 살인자들과 음행하는 자들과 점술가들과 우상 숭배자들과 거짓말하는 모든 자들은 불과 유황으로 타는 못에 던져지리니 이것이 둘째 사망이라: '그러나'라는 접속사는 7절의 이기는 자와 대조되는 것이므로 그 이하의 내용은 지는 자의 범주를 소개한다. 지는 자들에 대한 목록은 '비겁한 자들'(두려워하는 자들)로 시작하여 '거짓말하는 자들'로 끝나는데 이것은 황제 숭배를 두려워하고 그것 때문에 거짓말하는 정황을 떠올리게 한다. 결국 황제 숭배에 굴복하는 경우를 소개하는 것이다. 패배한 자들을 기다리는 것은 바로 용과 두 짐승이 던져진 '유황이 타는 불 못'이다.

묵상 여행

와! 드디어 역사의 대 드라마의 완결점에 와 있다. 하나님 나라의 최종적 완성은 그의 갱신과 새롭게 하심에 있다. '새 하늘과 새 땅'은 전혀 새로운 실체도 아니요 '인간 역사의 끝'도 아니다. 그것은 '옛 질서의 완전한 갱신'을 보여 주는 것이다. 그러한 새창조의 축복된 정황 속에서 새예루살렘이 하늘로부터 지상으로 내려온다. 천상에서는 승리한 교회로서 예수 그리스도 안에서 모든 구원의 축복을 맛보면서도, 아직 온전히 회복되지 않은 타락한 세상에 살고 있었던 교회의 이중적 정체성이 통합된다. 새창조로 말미암아 지상의 모든 대적들이 사라지고 새롭게 됨으로써 천상과 지상의 차이가 없어졌기 때문이다. 지상은 이제 천상의 정황을 구현한다. 새창조를 통해 에덴의 회복이 완벽하게 이뤄진 것을 보여 준다. 그리고 이러한 모든 최종적 회복을 지휘하신 하나님께서 이것이 반드시 이뤄지는 신실하고 참된 말씀이 되게 하신다. 이긴 자들은 아담과 아브라함 때부터 약속된 새창조를 유업으로 상속받게 될 것이다. 지는 자들은 불과 유황을 유업으로 받을 것이다.

나의 결단:

'알파와 오메가'라는 호칭은 예수님과 하나님이 구원 역사의 주관자로, 그것을 시작하셨고 또한 완성하여 마무리하시는 분이심을 보여 준다. 창조를 시작하신 분께서 동시에 완성의 순간까지 친히 모든 과정을 주도하시고 이루신다는 사실을 강조한다. 창조에서 완성까지 긴 여정을 거치시면서 창조의 목적을 종말에 마침내 이루시는 하나님의 의지에 나의 영적인 안목을 집중하여 온전히 반응하기를 원한다. 나는 불과 유황이 아니라 새창조를 유업으로 받기를 원한다.

그리스도의 신부, 새예루살렘

21:9-21
찬송 428 (통 488)

묵상 열기

마지막에 교회 공동체가 어떤 영광스런 모습으로 존재할 것인지 궁금하지 않은가? 오늘 본문은 독자들의 궁금증을 풀어 줄 것이다. 예루살렘이라는 상징적인 건축적 구조물을 통해 완성될 교회 공동체의 본질을 독자들에게 제공한다.

본문 여행

9절 마지막 일곱 재앙을 담은 일곱 천사 중 하나: 이 일곱 천사는 대접 심판의 다섯 번째와 여섯 번째 그리고 일곱 번째에서 아마겟돈 전쟁의 용과 두 짐승 그리고 바벨론과 같은 악의 세력을 제거하는 최후의 심판을 주도했다. 이러한 역할을 감당하던 천사가 어린 양의 아내, 그리스도의 신부인 새예루살렘을 소개하는 것은 의미있다 하겠다. 그것은 바로 악의 세력을 제거하는 작업과 새예루살렘의 등장은 그 의미와 성격에 있어서 연속성을 갖는다는 것이다.

내가 신부 곧 어린 양의 아내를 네게 보이리라: 이 문구는 어린 양의 아내로서 신부인 새예루살렘이 '내가 본 천국'

이 아니라 바로 교회 공동체를 가리키고 있음을 분명하게 보여 주고 있다.

10절 매우 크고 높은 산: '거룩한 성 예루살렘'과 서로 조화되는 모습으로 등장한다. 이는 종말에 여호와의 전이 모든 산꼭대기에 굳게 설 것과 이곳으로 많은 백성이 몰려오게 될 것을 말하는 이사야 2:2-3에 긴밀히 연관된다. 이러한 모습은 요한계시록에서 성취와 완성의 단계로 재현되고 있다. 곧 거룩한 성 새예루살렘이 크고 높은 산에 있는 것은 바로 이사야를 배경으로 종말적인 성취·완성의 상태를 그려 주고 있는 것이다.

11절 하나님의 영광이 있어: 새예루살렘이 하나님의 영광으로 가득해 있음을 의미하는데, 이는 새예루살렘 가운데에 하나님께서 계시기 때문이다.

그 성의 빛이 지극히 귀한 보석 같고 벽옥과 수정같이 맑더라: 4:3에서 하나님을 보석에 비유하는 것과 유사하다는 점에서 하나님과 새예루살렘의 동질성을 암시적으로 드러낸다.

12-15절 새예루살렘의 가장 기본적인 건축적 구조물과 성곽과 성의 문과 그 기초석에 대해 소개해 준다.

성곽: 그 높이는 144규빗(Cubit)이다(17절). 이는 약 70미터 정도 되는 높이인데, 144는 '12×12'로서, 약속으로서

의 구약 교회와 성취로서의 신약의 교회가 하나가 되어 하나님의 백성을 이루고 있음을 보여 준다. 이러한 의도는 성곽에 함께 붙어 있는 열두 기둥에 새겨진 열두 사도의 이름(14절)과 열두 진주 문에 쓰여진 열두 지파의 이름(12절 후반)을 통해서 더욱 확증된다.

높고 크다: 성벽의 보호기능보다는, 강력한 성벽의 안전성에 익숙한 고대인들이 인식하는 이상적인 도시에 대한 묘사로 보아야 한다. 더 나아가서 도시가 완전하고 완성된 것이며 완전한 안전과 장엄함을 가지고 있음을 보여 준다.

16절 그 성은 네모가 반듯하여 길이와 너비가 같은지라: 이러한 장방형은 완전함의 상징으로, 열왕기상 6:20의 솔로몬의 지성소의 형태를 따른다.

그 갈대 자로 그 성을 측량하니 만 이천 스다디온이요 길이와 너비와 높이가 같더라: 새예루살렘의 전체적인 모습이 가로, 세로, 높이 모두 12,000스다디온(2,400킬로미터)으로 정방형의 형태를 갖추고 있는데, 이것은 12×1,000으로 열둘이라는 하나님의 백성의 수를 포함하여 새예루살렘이 신부로서 교회 공동체를 의미한다는 것과 같은 맥락에서 이해할 수 있다.

17절 사람의 측량 곧 천사의 측량이라: 두 가지 의미를 가진다. 첫째로는 단순히 천사가 사람의 수치를 사용하여 측량했다는 것을 의미한다는 것이다. 둘째로는 사람의 수치로 측량된 것들에 대한 환상은 '상징적이며 천상적이거나 혹은 천사적인 의미'에 의해 더욱 잘 이해될 수 있다는 것이다.

18절 그 성곽은 벽옥으로 쌓였고: 이는 종말에 교회 공동체가 하나님의 영광스러움과 하나님의 임재로 충만할 것임을 상징한다. 왜냐하면 요한계시록 4:3에서 하나님의 모양을 벽옥에 비유하기 때문이다(앉으신 이의 모양이 벽옥과 홍보석 같고).

19-21절 그 성의 성곽의 기초석은 각색 보석으로 꾸몄는데 첫째 기초석은 벽옥이요 둘째는 남보석이요 셋째는 옥수요 넷째는 녹보석이요 다섯째는 홍마노요 여섯째는 홍보석이요 일곱째는 황옥이요 여덟째는 녹옥이요 아홉째는 담황옥이요 열째는 비취옥이요 열한째는 청옥이요 열두째는 자수정이라. 그 열두 문은 열두 진주니 각 문마다 한 개의 진주로 되어 있고 성의 길은 맑은 유리 같은 정금이더라: 이러한 보석은 그 하나하나에 의미를 부여하기보다는 전체적으로 이해하여 '거룩한 도시, 새예루살렘의 영광, 순결함, 아름다움 그리고 소중함'을 나타내 준다. 새예루살렘을 장식하는 여러 종류의 보석은 어린 양의 신부로서의 새예루살렘의 순결성과 아름다움을 드러내며, 모든 부분에서 하나님의 속성을 반영하면서 하나님의 영광으로 충만히 빛나는 상태를 드러낸다. 그리고 18-19절에 나오는 성벽을 장식하는 각종 보석들은 성

전 모티브를 드러내는 출애굽기 28:17-20의 대제사장의 가슴에 있는 보석들과 에스겔 28:13의 에덴 모티브와 깊은 관계가 있다. 이것은 모든 구속사의 핵심으로 기대되어 왔던 성전과 에덴의 궁극적 실체가 새예루살렘에서 완성된다는 점을 드러낸다.

묵상 여행

본문은 소위 '내가 본 천국'이 아니라, 그리스도의 신부, 곧 교회 공동체가 종말에 어떠한 축복을 경험할 것인가를 묘사하는 것이다. 새예루살렘이 그리스도의 신부요 어린 양의 아내로 교회 공동체를 상징한다면, 새예루살렘을 묘사하는 내용들도 역시 상징적으로 이해해야 할 당위성이 주어진다. 상징을 통해 보여지는 새예루살렘의 핵심적인 특징은, 이 거룩한 성이 하나님의 영광을 가지고 있고 그 자체가 하나님의 성전이라는 것이다. 종말에 교회 공동체는 하나님의 영광에 동참한 자들로 하나님의 거룩함과 의로움에 완벽히 부합하는 모습이다. 성벽의 구조가 보여 주는 모습 또한 새예루살렘이 하나님의 온전한 백성으로 구성되어 있음을 드러내고 있으며, 열두 문의 존재를 통해 놀랍고 이상적인 하나님과의 완전한 교제로 들어갈 풍성한 기회가 있음을 증거한다. 이러한 완전한 하나님의 영광이 드리워진 새예루살렘은 하나님의 임재와 하나님의 속성, 그리고 그분의 속성을 닮은 완전히 변화된 그분의 백성들로 충만한 곳이 된다.

나의 결단:

내가 속한 어린 양의 신부는 교회 공동체의 미래의 자화상이다. 그 영광스런 모습을 본다. 가슴이 뛴다. 그런데 더 놀라운 것은 그러한 신부의 신분은 지금도 이미 유효하다는 것이다. 나의 소망은 단순히 미래의 사건으로 끝나지 않는다. 그것은 현재 나에게 와 있다. 현재 내가 그 소망을 실제적으로 누리지 못한다면 소망은 쇠락해 갈 것이다. 내가 오늘 어린 양의 신부로서 영광스런 존재임을 깨닫고 그렇게 살 수 있다면 이 소망은 더욱 빛을 발하게 될 것이다. 나는 오늘 신부로서 미래의 소망을 현재 경험하며 살아가기를 결단한다.

아름다운 새예루살렘 공동체

21:22-22:5
찬송 210 (통 245)

묵상 열기

오늘 소개되는 새예루살렘은 에덴적 주제로 충만하다. 하나님과 어린 양 자신이 성전이 되어 주신다. 성전은 에덴의 회복을 보여 주는 중요한 시스템이다. 그 외에 생명수의 강, 생명나무, 왕 노릇 등은 이러한 주제를 충분히 반영한다. 결국 새예루살렘 교회 공동체는 에덴적 주제와 결합하여 역사의 최종적 순간을 장식하고 있다.

본문 여행

22절 성 안에서 내가 성전을 보지 못하였으니…주 하나님 곧…어린 양이 그 성전이심이라: 예루살렘에서 성전을 찾을 수 없다는 것은 불가능하다. 이스라엘 역사에서 성전 없는 예루살렘은 상상할 수 없기 때문이다. 그럼에도 불구하고 새예루살렘 안에서 성전을 보지 못했다는 것에 대해서 두 가지 이유를 근거로 설명할 수 있다. 첫째로는 새예루살렘이 건축물로서의 새예루살렘이 아니라 그리스도의 신부, 곧 교회 공동체를 상징적으로 묘사한다는 데서 그 이유를 찾을 수 있다. 상징적 세계 속에서는 얼마든지 불가능한 것이 가능한 것으로 표현될 수 있다. 둘째로는 건물로서의 성전이 없는 것이지 성전 자체이신 하나님이 성전이시므로 성전은 엄연히 존재한다는 이유에서이다(요 2:19-21; 막 14:58). 여기에서 강조되는 것은 새예루살렘 공동체가 하나님의 임재로 완벽하게 충만하다는 것이다.

23절 그 성은 해나 달의 비침이 쓸 데 없으니 이는 하나님의 영광이 비치고 어린 양이 그 등불이 되심이라: 해와 달이 필요 없다는 의미가 아니다. 하나님과 어린 양의 영광의 빛은 마치 해와 달의 비침이 불필요할 정도로 새예루살렘 공동체를 충만하게 채운다.

22장 1절 수정같이 맑은 생명수의 강: '생명수'에 '강'이 덧붙여져서 그 규모가 강화되었음을 알 수 있다. 즉, 21:6의 '생명수 샘물'보다 더욱 큰 규모로 흐르는 물을 말한다. 이 강을 '수정같이 맑은 강'이라고 하여 생명수의 정결함을 보여 준다. 이것은 거룩한 성전과 같은 새예루살렘의 속성과 매우 잘 조화된다. 여기에서 강은 문자적인 의미보다는 에덴 동산의 꼭대기에서 흘러내려 오는 네 개의 강물을 연상하게 한다. 에덴 동산의 강물은 생명의 원천이다. 그러므로 새예루살렘에 생명수 강이 흐르는 것을 보여 주는 것은 에덴의 회복으로서 생명의 충만한 상태를 시사해 준다.

1-2절 하나님과 및 어린 양의 보좌로부터 나와서 길 가운데로 흐르더라: 생명수의 강의 원천은 바로 창세기 2장에서 소개되는 에덴에서 시작되는 강의 흐름과 관련된

다. 에덴 동산에서 흘러나오는 강물이 에덴 동산을 적시고 온 땅을 적시는 풍성함의 근원이 된 것과 마찬가지로, 하나님과 어린 양의 보좌로부터 흘러나온 생명수의 강도 새예루살렘 성의 한가운데로 흘러 새예루살렘 공동체를 '생명의 풍요'로 채운다. 이와 관련된 본문으로 에스겔 47:1-5에서는 생명수 강물이 성전에서 흘러나와 모든 죽은 것들을 살리고 모든 생물을 소성케 하는 물이 됨을 말한다. 이는 창세기 2장과 관련지어 볼 때 성전에서 나온 물에 의해 에덴의 회복이 이뤄지고 있음을 시사해 준다. 생명의 발산은 새예루살렘 공동체 한복판에서 일어난다.

2절 강 좌우에 생명나무가 있어 열두 가지 열매를 맺되 달마다 그 열매를 맺고: 이 본문은 에스겔 47:12의 내용을 배경으로 하고 있다. 에스겔에서는 '각종 먹을 과실 나무'를 계시록에서는 '생명나무'라고 하여 에덴의 정황을 분명히 드러낸다. 또 다른 하나의 차이는 에스겔의 "그 잎사귀는 약 재료가 되리라"를 요한계시록에서는 "그 나무 잎사귀들은 만국을 치료하기 위하여 있더라"라고 하여 그 회복의 전 세계적, 우주적 성격을 강조한다. 생명수 강과 생명나무는 동일하게 새예루살렘 공동체의 충만한 생명의 줄기찬 흐름을 시사해 주고 있다. 생명나무가 일 년에 열두 번 달마다 새로운 열매를 맺는다는 것은 생명이 쉬지 않고 끊임없이 공급됨을 보여 준다. 왜냐하면 하나님의 임재 때문이다.

3절 다시 저주가 없으며: 새예루살렘 교회 공동체가 누리게 될 에덴적 삶의 정황을 보여 준다. 이 문구는 에덴에서 범죄한 아담과 하와에게 내려진 심판의 반전으로 볼 수 있는데, 그러한 범죄와 심판이 새예루살렘 공동체에는 존재하지 않음을 시사해 준다. 영원하고 완전한 구원만이 존재한다.

3절 하나님과 그 어린 양의 보좌가 그 가운데에 있으리니 그의 종들이 그를 섬기며: 하나님과 어린 양 예수님께서 서로 나란히 등장하는 것은, 하나님과 예수님께서 만물을 통치하심에 있어서 동등한 분이심을 보여 준다. 특히 하나님, 어린 양의 보좌와 그의 종들의 섬김은 적절하게 조화로운 관계 속에 있다. '섬기다'는 '봉사하다'와 '예배하다'라는 두 가지 의미를 가진다. 이러한 표현은 에덴적 정황을 연상시켜 주기 위한 목적으로 사용된다. 왜냐하면 에덴에서 아담과 하와는 적어도 타락하기 전에는 하나님을 섬기며 예배하는 삶의 모습을 보여 주었기 때문이다.

4절 그의 얼굴을 볼 터이요: 이 문구는 하나님에 대한 참다운 이해와 하나님과의 올바른 관계에 대한 일종의 표어에 해당하며(욥 33;26; 시 17:15; 42:2; 요삼 11), 특별한 종말론적 축복으로 여겨졌다. 이는 에덴에서 아담과 하와가 아무런 장애 없이 하나님의 얼굴을 맞대고 대화할 수 있었던 정황이 마침내 새예루살렘 공동체에서 다시 재현되는 것이다.

5절 그들이 세세토록 왕 노릇 하리로다: 이 문구는 에덴에서 아담과 하와에게 주어진 만물을 다스리고 관리하는 특권이 새예루살렘 공동체를 통해 종말론적으로 완성됨을 보여 준다. 이 왕 노릇의 주제는 1:6(우리를 나라와 제사장으로 삼으심), 5:10(나라와 제사장들을 삼으셨으니…왕 노릇 하리로다), 20:4(천 년 동안 왕 노릇 하니)에서 언급된 바 있다. 오늘 본문은 이 모든 것의 절정이다.

묵상 여행

새예루살렘에서의 에덴적 회복의 주제, 즉 창조 때에 에덴 동산에서 아담과 하와에게 주어진 만물을 통치하고 다스리도록 위탁받았던 궁극적 가치의 회복이 본 절에서 종말론적으로 완성되고 있다. 새창조의 주인공인 교회 공동체가, 에덴 동산의 첫창조의 목적에 대한 완전한 회복을 경험하고 있다. 이는 죽임 당하신 어린 양으로 말미암아 각 족속과 민족과 나라 가운데서 구속함을 받은 자들에게 이 땅에서 누리도록 주어진 특권이다. 이러한 다스림은 예수님의 초림과 재림 사이에 있었던 첫째 부활에 참예한 자들이 경험한 다스림을 최종적으로 완성한 다스림이다. 이를 통해 새예루살렘 교회 공동체가 경험하는 종말적 완성은 바로 에덴의 회복을 경험하는 것이다. 에덴의 회복에 대한 완성은 타락 이후에 모든 역사 속에서 하나님께서 지향해 오셨던 역사의 종결점이다. 이러한 종결점은 물론 그 자체로 끝이 아니다. 새로운 시작을 예고한다. 이러한 점에서 창조는 종말을 지향하고 종말은 창조의 완성이라고 할 수 있다. 우리에게 이러한 완성의 순간이 오리라는 것은 얼마나 큰 소망인가?

나의 결단:

새예루살렘 공동체에 속해 있는 나 자신이 이 역사의 주인공이 된다고 생각해 보자. 그것이 내 평생에 가능할 것인가? 나는 모든 시간과 공간의 주인은 내가 아니라 다른 사람이라고 생각해 왔다. 그 시간과 공간에서 매우 유력한 존재들만이 주목 받고 모든 기회를 향유한다고 생각했다. 그러나 새창조를 예비하시고 에덴의 모든 것들이 적용되는 새예루살렘 공동체를 이루시는 하나님 앞에서는 그렇지 않다. 내가 바로 새창조의 주인이고 주인공이다. 이 말씀에 근거하여 오늘 나는 하나님의 공평과 정의로움을 믿기로 결단한다.

내가 속히 오리라

22:6-21
찬송 447 (통 448)

묵상 열기

예수님은 언제 오시는가? 우리 모두가 하고 싶은 질문이다. 문제는 그분이 언제 오실지 모른다는 것이다. 성경은 그분이 오시는 시점에 대해서 침묵한다. 그러나 우리는 그분이 속히 오시기를 바라는 마음을 토로할 수 있다. 또한 어떤 자가 진정으로 이러한 마음을 토로할 수 있는지에 대해서도 주목해서 관찰해 보아야 할 것이다.

본문 여행

6절 반드시 속히 되어질 일을 보이시려고 그의 천사를 보내셨도다: 이 본문의 전반부는 1:1에서도 사용된 바 있으며 다니엘 2:28-29을 배경으로, 예수님의 십자가의 구속 사역으로 이미 이루어진 종말적 사건을 가리키는 것으로 사용되었다. 이 문구를 통해 요한계시록 말씀 전체의 의미를 다시 정리해 준다. 그리고 후반부에서 이러한 계시적 활동이 천사를 통해 진행되었음을 밝히고 있다.

7절 보라 내가 속히 오리니…이 예언의 말씀을 지키는 자는 복이 있으리라: 이 문구는 1:3과 평행을 이룬다. 그러므로 반드시 예수님의 재림만을 의미하기 위해 사용된 것은 아니며, 초림 이후에 일어나는 예수님의 상시적 오심을 의미할 수 있다. 예언의 말씀을 지키는 자가 복이 있는 이유는 바로 항상 그러한 자에게 예수님이 오시기 때문이다.

10절 **이 두루마리의 예언의 말씀을 인봉하지 말라. 때가 가까우니라:** 인이 열린 것을 전제하는 것으로 종말의 때가 이미 도래했음을 매우 분명하게 알려 준다. 구약의 다니엘 12:4, 9에서 마지막 때까지 지키고 봉함하라고 한 것과는 대조적이다. 이러한 대조를 통해 이 시대에 다니엘이 전망했던 종말의 시대가 왔다는 것이고, 종말적 하나님의 나라가 임하였음을 의미한다. '때가 가깝다'라는 것은 1:3과 동일한 의미로서 앞의 인봉하지 말라는 말씀의 이유를 제시한다. 그것은 곧 성취될 때가 되었기 때문이다.

11절 **불의를 행하는 자는 그대로 불의를 행하고 더러운 자는 그대로 더럽고 의로운 자는 그대로 의를 행하고 거룩한 자는 그대로 거룩하게 하라:** 종말적 성취의 시대에 예언의 말씀에 대한 두 가지 반응을 보여 준다. 먼저 부정적인 반응을 3인칭 명령형으로 표현한다. 여기에서 3인칭 명령형은 그러한 부정적인 반응이 이미 결정되었음을 내포한다. 그들은 그렇게 행동할 수밖에 없다. 예언의 말씀에 대한 긍정적 반응도 역시 부정적인 반응처럼 결정된 행동을 제시한다. 긍정적 반응을 하는 자들은 그렇게 되도록 결정되어 있다는 것이다.

12절 보라 내가 속히 오리니 내가 줄 상이 내게 있어 각 사람에게 그가 행한 대로 갚아 주리라: 이 문구는 의롭고 거룩한 자들에게 그러한 삶의 행위에 근거하여 상을 주시겠다는 의미를 내포하며, 그러한 상은 '구원'으로 이해된다. 곧 의인들의 삶의 선한 행위는 그들의 구원의 조건이 아니라 믿음의 결과이고 열매이다. 시편 62:12에 의하면 각 사람의 행위대로 갚으시는 것이 바로 하나님의 인자하심의 발로라는 사실이다. 이 본문에서 예수님의 오심은 12절 후반절인 "내가 줄 상이 내게 있어…행한 대로 갚아 주리라"에 근거해 볼 때 재림의 의미를 강하게 드러내고 있다.

13절 나는 알파와 오메가요 처음과 마지막이요 시작과 마침이라: 예수님께서 모든 역사의 시작과 완성을 주관하는 분이시라는 것을 삼중적으로 강조하여 말하고 있다. 역사는 시작하신 분이 계시며, 시작된 역사는 필연적으로 완성을 기다린다. 새창조와 새예루살렘은 바로 그 완성의 순간을 보여 준다.

14-15절 자기 두루마기를 빠는 자들은 복이 있으니…그들이 생명나무에 나아가며…개들과 점술가들과 음행하는 자들과 살인자들과 우상 숭배자들과 및 거짓말을 좋아하며 지어내는 자는 다 성 밖에 있으리라: 두 종류의 부류를 소개한다. 하나는 성 안에 있는 자들이고 또 하나는 성 밖에 있는 자들이다. 여기에서 '성'은 앞에서 언급했던 새예루살렘을 가리킨다. 다시 말하면 새예루살렘에 속

한 자들이냐 속하지 않은 자들이냐는 것이다. 전자는 상징적으로 두루마기를 빠는 자들이라고 하여 '흰옷'을 연상케 한다. 요한계시록에서 흰옷은 교회 공동체의 정체성을 나타낼 때 사용된다. 이들은 생명나무와 같은 에덴적 회복의 은혜를 경험한다. 후자는 이교적 행위를 하는 자들이다(참조. 21:8). 새예루살렘 공동체는 거룩한 공동체이므로 이들은 여기 속할 수 없다.

17절 성령과 신부가 말씀하시기를 오라 하시는도다…목마른 자도 올 것이요 또 원하는 자는 값 없이 생명수를 받으라: 먼저 '성령'과 '신부'가 함께 말씀의 주체로 등장하는 것은 곧 성령께서 신부(교회 공동체)를 통해 17절의 내용을 말씀하시는 것이라고 볼 수 있다. 이 본문은 바로 그 신부가 성령을 통하여 혹은 성령은 그 신부를 통하여, 아직 교회 공동체에 속하지 않은 자들을 향하여 그 신부에 편입될 자들을 초청하고 있다. 이 초청은 목마른 자에게 주어지는 하나님의 커다란 은혜이다. 여기에서 '마음껏 마시라'는 문구는 하나님의 은혜가 무한하다는 것을 의미한다.

18절 누구든지 이것들 외에 더하면 하나님이 두루마리에 기록된 재앙들을 그에게 더하실 것이요: 이 문구는 신명기 4:2, 12:32을 배경으로 한다. 신명기 말씀 중 첫 번째인 신명기 4:2에서 이어지는 내용은, 거짓 선지자 발람이 하나님의 백성들을 우상인 바알브올을 따르게 하여 욕되게 했던 경우를 언급한다. 그리고 위의 신명기

12:32은 하나님의 백성들을 미혹케 하는 거짓 선지자를 경계하라는 내용이다. 발람을 비롯한 거짓 선지자들이 하나님의 심판을 면할 수 없는 것은, 자신의 유익과 목적을 위하거나 이방신 곧 우상을 숭배하도록 자신의 말을 하나님의 말씀으로 가장하거나 왜곡하기 때문이다. 바로 이러한 의도로 요한계시록을 이용하지 말라는 것이다.

20절 내가 진실로 속히 오리라 하시거늘 아멘 주 예수여 오시옵소서: 이 말씀의 전반부는 속히 오심에 대한 예수님의 강한 의지가 엿보인다. 22장은 예수님의 속히 오심에 대해 7절, 12절, 그리고 20절에서 세 번 반복한다. 첫 번째는 1:3과의 관계 때문에 상시적 오심을 내포하지만, 두 번째와 세 번째는 예수님의 재림을 비교적 분명하게 드러낸다. 후반부는 예수님의 속히 오심의 선포에 대한 응답으로서 모든 성도들의 간절한 바람을 담고 있다. 왜냐하면 예수님의 오심은 모든 역사를 마무리 짓고 새로운 시대를 여는 결정적 계기가 되기 때문이다.

묵상 여행

요한계시록을 마무리하는 길목에서 요한은 마지막으로 그의 독자들에게 어떤 내용을 전달하고 싶었을까? 요한이 가장 중심적으로 말하는 것은 예수님의 오심이다. 예수님은 성육신을 통해 이미 오셨고 또한 성령을 통하여 지금도 오시며 마침내 재림을 통해 그 오심은 완성된다. 그래도 이 오심 중에서 가장 백미는 재림이다. 예수님도 속히 오시기를 간절히 원하고 계신다. 그렇다면 예수님의 재림이 왜 그렇게 중요할까? 이 세상에서의 피곤한 삶을 일거에 반전시켜서 인생 역전을 일으킬 수 있어서 일까? 이러한 개인 중심의 성경 이해나 하나님에 대한 이해는 성경의 본래 의도를 왜곡하거나 축소한다. 예수님의 재림은 하나님의 창조 목적의 완성을 향하여 줄기차게 달려온 이 모든 역사를 완성하실 것이기 때문에 더욱 간절히 기다려지는 것이다. 요한계시록은 마지막 부분에서 바로 이 지점에 주목한다.

나의 결단

나도 요한처럼 하나님의 창조의 목적이 온전히 완성되는 그 지점을 대망한다. 그래서 나는 예수님의 오심을 간절히 소망한다. 그때 모든 하나님의 백성들이 함께, 하나님의 영광을 드러내는 아름다운 공동체의 모습으로 서게 될 것을 기대한다.